1億総ボンビー時代をサバイブする
「お金と幸せのコスパ」

働いたら負けだべや！

If you work, you lose!

Cost-effectiveness of money and happiness to survive in the era of 100 million people, all of whom are poor

【働いたら負けだべや！】

社会・経済系YouTuber
トレトレ店長

KADOKAWA

ボクの名前は
トレトレ店長
ユーチューブで
アニメ動画を配信する
トレトレチャンネルの
制作と運営をしている
やっほー
てんちょー
今の仕事に就くまでは
労働力をただ消費するだけで
お金にも時間にも
余裕のない生活を送っていた
最初に勤めた営業の仕事では
毎日のように長時間働かされ
なにもかも
中途半端だべや！
金欲
す、すみません…
売上が悪いと上司に怒鳴られ
身も心も休まるヒマがなかった
次に勤めたパチンコ店でも
従業員の入れ替わりが激しく
仕事のしわ寄せに
腹を立てる毎日
今日、まだ2人
来てないんですけど…
またかよ…

そこでボクは他人に振り回されない一人でできる仕事を選んだ
やっぱ一人は楽だなあ
誰にも気を使わないでいいし
トレトレ君
来年から内勤の仕事してくれないか？
嫌です
ふんっ
しかし、会社に勤めている以上会社の都合で環境はいくらでも変わる
なので、今度は会社にも他人にも振り回されない自営業を選び
カードショップトレトレ
祝
開店
祝
開店
てんちょー
当時、ブームだったカードショップを開いたこれが今のボクの名前の由来でもある

しかし、そのブームも
年月が経つにつれ徐々に衰え
だーれも来ないみせー♪
バカッコー
いつしか店には
閑古鳥しか寄り付かなくなった
借金だけが雪だるまのように
膨れ上がり、アパートの
家賃も払えなくなったボクは
仕方なく店の中に
ベニア板で住居を作り
風呂も窓もない場所で
2年間生活した
てんちょー
その後、いよいよ店の家賃の支払いも
厳しくなり9年間続けた店を畳んで
運送の仕事に転職し
うらめしや～
返ってきた店の敷金5万円を握りしめ
家賃1万8千円の事故物件に
逃げるように引っ越した
てんちょー

そんな人生のどん底まで堕ちたとき、ふとあることに気づいた
ただ、真面目に働くだけじゃ一生貧乏のままじゃね？
そんなとき、ユーチューバーで何千万も稼いでる人がいることを知った
こんなに稼げるのかよ？
月3000万
すげーな…
特に羨望や嫉妬といった気持ちはなかったただ、自分にもできるビジネスであるという確信以外は
それからは仕事の合間にコツコツと動画を作り、丸2年経った頃初めて収入を得られるようになった
てんちょー
初めて稼いだ収益で水切りラックを買い換えたそれすらも買う余裕が今までは無かったのだ
割り箸で補強

こんな話をすると
店長はたまたま
ユーチューブで成功できたから
と言う人もいる
でへでへ
てんちょー
ボク
ユーチューバーに
なろうと思うんだよね
お前はいいから
働け！
てんちょー
しかし、借金だらけの貧乏中年が
普通ユーチューブを始めようとは
思わないだろう
そんな時間があれば生活のために
バイトでもするはずだ
でも、ボクは約2年間も
無収益で動画制作に
時間と労力を費やした
そのおかげで今は
自由な生活ができている
では、なぜ当時そのような
行動がとれたのか
それはこの本を読んで
くれたらわかると思う
なあに、酒でも飲みながら
気楽に聞いてくれればいい
さあ、中へどうぞ
酒房唐川
いらっしゃい
てんちょー

もくじ

働いたら負けだべや！

一億総ボンビー時代をサバイブする「お金と幸せのコスパ」

contents

第1章 会社ですりへらないための「働き方のルール」

第2章 「蛍光灯おじさん」にならないための〝生きがい〟の考え方

第3章

「金持ち奴隷」と「貧乏貴族」

第5章

「朝ゆっくりココアを飲める生活」のために今やるべきこと

（日本で一番長い）あとがき

マンガ・イラスト作成　トレトレ店長
カバーデザイン　菊池祐
本文デザイン　廣瀬梨江
DTP制作　(株)キャップス
校正　ペーパーハウス　小栗一夫
編集協力　名古屋剛　山本櫻子
編集担当　荒川三郎(KADOKAWA)

キャラクター紹介

トレトレ店長

「トレトレチャンネル」作者。YouTuber。チャンネル登録者数23万人（2023年5月現在）。元・カードショップの経営者で、一時はホームレスになるも、YouTubeで成功してV時回復。現在はお金と時間に縛られない生活を求め日々奮闘中。バツイチ独身で無類の酒好き。現在彼女募集中！

大谷リブ

居酒屋「酒房唐川」で働くバイト従業員。短気でギャンブル好きのアニメオタク。マネーリテラシーが非常に低く、お金に意地汚いくせに浪費癖が半端ない。人に騙されやすく、借金を繰り返しては踏み倒す。成功を夢見るが口だけで行動に移さないタイプ。

マスター

居酒屋「酒房唐川」の経営者で高学歴の優生論者。一流大卒で大企業に就職するも、極度のコミュ障で辞職。その後は現在の居酒屋を経営するが、商売の才能はゼロ。ガラスのメンタルで泣き上戸。

レオナルド・ゴキブリオ

トレトレ店長の同級生で美容室のオーナー。不労所得や投資話に詳しいお金のプロフェッショナル。

前田社長

トレトレ店長の同級生で建設会社の社長。出世だけを生きがいに社長まで上り詰めた利己主義者。

第1章

会社ですりへらないための「働き方のルール」

なぜ暮らしがこんなにキツいのか

居酒屋「酒房唐川」の店内。バイトのリブが給料の安さを嘆いている。お客のトレトレ店長は、自分が働いていたブラック企業はもっとひどかったと言うが…。

給料が上がらないとか終わってる

はあ、金ねえな…。なんで、こんなに金がねえんだろ…。

そのセリフ、1年に300回くらい聞くな。

仕方ねえだろうが、本当に金が無いんだからよ。

でも、お前実家暮らしだろ？　それなのに万年金欠病って…、一体いくら給料もらってんだよ？

手取りで15万くらいかな。

15万かあ…。実家暮らしでも厳しい給料だな。でもまあ、飲食店のバイトなら妥当なんじやねえの？

妥当って…。他人事だと思って適当に言いやがるけど、新卒のときから給料がほとんど変わってないんだぞ。俺ももう社会人になって9年目だし、物価もこれだけ上がってるのに、給料が上がらないとか終わってるだろ。

お前がな。

ああ、コラ？　テメエ、二度とそのへらず口がきけねえように、その舌、ネギと一緒に焼いてやろうか？　ああ？

てんちょー

ふ、ふいあへん…（1ページ丸々こんなイラストかよ）。

口は災いの元だって、昔おばあちゃんに教えてもらわなかったか？

げほっ、げほっ…。まあ、でもこんな楽な仕事で月に15万ももらえるならまだいいほうだろ。ボクなんか、新卒時の初任給は手取りで11万だったからな。

11万って…それならアルバイトしてたほうがよっぽどマシだろ。

しかも、**超ブラック企業だったから1日最低11時間労働で、休みは基本日曜、祝日のみ。**その少ない休みも出張だとか研修だとか、会

最低賃金の推移（全国平均）

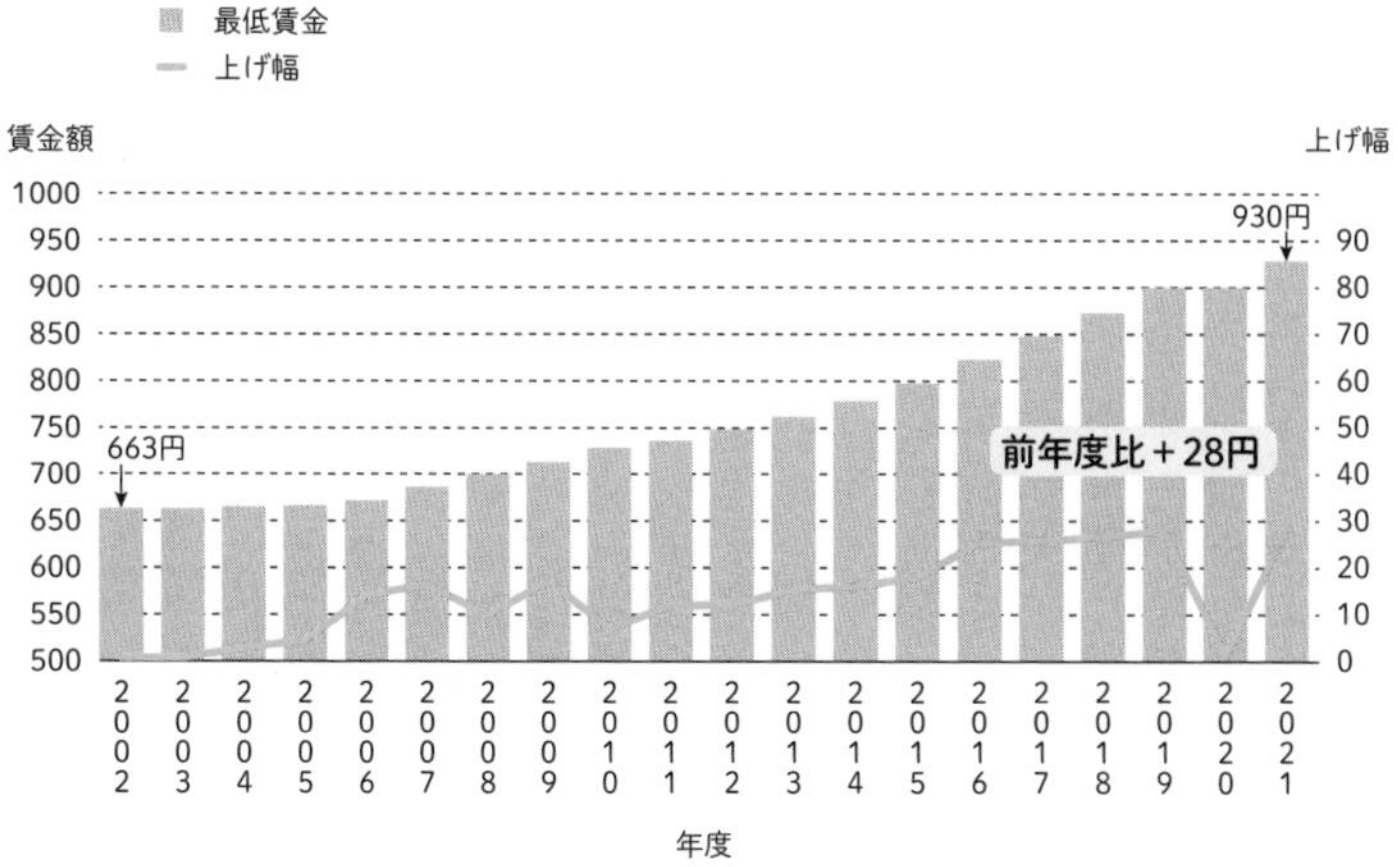

2002年に663円だった最低賃金の全国平均は、2022年には961円まで上昇。出所＝厚労省

社が所有してるマンションの掃除だとかで潰されて。実際には月３００時間以上働いてたんじゃないか？

時給換算したら４００円以下じゃねえかよ。

でもボクが新卒時の最低賃金って時給５５０円くらいだったから、手取りで11万稼ぐとなると、社会保険料も合わせたらそのくらい働かないと稼げなかったんだよ。まだ、ボーナスがあっただけマシだったのかもしれん。

ボーナスはいくらもらってたんだよ？

夏冬あわせて40万くらいかな。

へえ。じゃあ、年間で手取り１７２万円かあ。今の俺より少ないな。まあ、30年前だからそんなもんか？

ブラック企業はひどかった

でも**正社員にも損なところはある**んだぞ。会社が所定の勤務時間を守ってくれないとかな。バイトなら働いた分だけお金がもらえるけど。

俗にいうブラック企業のサービス残業ってやつか？

いや、サービス残業はもちろんだけど、その会社は「サービス始業」もあったんだよ。

なんだよ、それ？

始業時間の前から働かされるんだよ。ボクが勤めてた会社は、求人通りだと、8時45分から17時45分までで、休憩時間が1時間だったんだけど、実際には7時30分から18時30分までで、休憩も昼飯を食う時間以外はもらえなかったからな。

どっかの強制労働施設みたいだな。

しかも、上司の飯を食うスピードが半端なく速くてな。それに合わせて食わないといけないから大変だったよ。少しでも食うのが遅れると、サボってるように見られるんだよ。

めちゃくちゃ体に悪そうだな。でも、そんな労働時間だといろいろとヤバいんじゃないのか？

それが、ちゃんとうまくできてるんだよ。朝7時30分に出社しても、事務所がまだ開いてないから、夏は会社前の掃除、冬は除雪を1時間くらいやらされるんだ。実際にタイムカードを押すのは8時30分くらいになるってわけさ。

セコい…。ていうか、それって一種の嫌がらせだろ。

それに、外回りが多い仕事だったから、18時30分を過ぎて会社に帰ってきても、もう事務所が閉まっててタイムカードが押せない。そういう日は事務員があとから**手書きで定時の終業時間を書き込むから、違法な労働時間がバレない**ってわけ。

いや、誰か労働基準監督署に駆け込めよ。

そんなことが平気でまかり通る時代だったんだよ。まあ、でもボクが高校卒業したての30年前は、ブラック企業なんて言葉もなかったし、他の会社を知らなかったから、低賃金で重労働されられても疑問に思わなかったんだけどな。

今のネット社会では考えられないけど。情報が無いってのは本当に怖いなあ。

そうなのよ。当時の社員教育はヤバかったからな。給料や労働条件に不満をこぼそうものなら、上司や先輩からお叱りを受けたしな。

そんな昔の軍隊みたいな会社だったのかよ？

そうだよ。入社して3カ月目には白装束着て山ごもりさせられるんだ。

まるで、どこかの宗教みたいだな。

それに先輩達もその教育で育ってきてるから、会社の体制に疑問を感じても、誰にも相談できないし。嫌なら辞めるしかないんだよ。

よく、そんなんで人手不足にならないよな。

そのために、毎年定員の倍の求人を出すんだよ。半分は1年以内に辞めると見越してな。

ふるいにかけるとはまさにそのことだな。

物価が上がった分暮らしがキツい

しかし、それで手取り11万とか…。そんなんで生活できたのかよ?

もちろん、できないよ。だから、若い奴らはみんな借金してた。特に当時の若者は今と違って車に金はかけるわ、お洒落《しゃれ》はするわ、よく飲みに行くわ、タバコは吸うわで、無駄な消耗品に大金をかけてたな。

噂に聞く、バブルの名残ってやつか？

インターネットが普及してない時代だったから、曲を聴きたければＣＤを買わないといけなかったし、飲み屋を１軒探すだけでも情報誌を買わないと調べられなかった。今みたいな無料のサービスなんて、何ひとつ無かったからな。

俺は無料のサービスしか使ってないけど金が無いぞ？

まあ、それでもなんとか生きてこられたのは、**今と比べて物価も税金も安かったからじゃないのか？**　セブンスターも１箱２２０円で買えたし（※）、消費税も３％だったし。

※セブンスターも１箱２２０円で買えたし　セブンスター１箱は１９６９年で１００円、１９９４年には１箱２２０円だった。

ああ、なんか「ステルス値上げ」とかで値段が同じでも量が減ってたりするよな。ポテチ

とかはそのいい例なんだろ？

そうだな。むしろ、これだけ物価も税金も上がってるのに、ここ30年で3～4万しか給料が上がってないんだから、ボクの時代より今の若者のほうがキツいかもしれん。

だよな。

ただ、今の人にも有利な面はある。それがこのネット社会だ。昔は都会に行かなければ仕事もコネクションも手に入らなかったし、お金を出さなければ情報も手に入らなかった。でも、今はパソコンかスマホが1台あればすべてが手に入る。

まあ、ネットでできる仕事でもしていれば、家から1歩も出なくても生活できるからな。

だから、給料が安いってぼやいているヒマがあったら、どうやってお金を稼げるか調べることから始めないと。せっかくタダで情報が溢れてるんだから、活用しない手はないだろ。**ボクが若い頃に、もしそんな便利な道具があったら、間違いなく金を稼ぐためのツールとして使ってたぞ。**

アンタの場合、会社で仕事したくないだけだろ。

それもあるけど、給料以外に別の収入があれば、生活にも余裕ができるだろ？

まあ、そうだけど…。

せっかく素晴らしい道具を持っているのに、ソシャゲしたり、ＳＮＳにくだらん投稿するためだけに使うとか、もったいないと思わないか？

でも、スマホはそういうふうに、遊びで使うようなアプリばっかりだからな。遊びたくなるのも無理はねえだろ。

そういうのを「豚に真珠」って言うんだよ。あ、ここにも一匹豚がいたわ。

誰が豚だ？　コラ！　ああ？

弱肉強食の世界に「タダ働き」はあり得ない

閉店間際の居酒屋。バイトのリブはマスターに残業を頼まれるが、断る。マスターはお客のトレトレ店長に助け舟を求めるが…。

「残業を断る」はありなのか

店長、もう閉店だよ。

へ？　今何時？

もう12時になるよ。

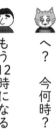

そうか、じゃあもう帰らないとな。ご馳走さん。

じゃあ、俺も帰ろうっと。

おい、お前は後片付けがあるだろ。

へ？　だって、俺の勤務時間は12時までだし。それ以上働かせるってんなら残業代発生するけど、いいのか？

いや、ちょっとカウンターの上を片付けるだけだろ。そのくらい従業員なら気を利かせろよ。

ああ？　そっちこそ普段お世話になってる従業員に気を利かせて、早く帰らせてやろうという気持ちにならないのかよ？

じゃあ、いいよ。お前もう、明日から来なくていい。

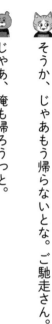

へえ、サービス残業を断ったら今度は不当解雇ですか？　じゃあ、明日にでも労働基準監督署へ密告に行こうかな。

なんなのよ、お前？　店長、こういう従業員ってどう思う？

どうって言われてもな…。そこは客のボクがどうこう言うことじゃないと思うんだけど。でも、言ってることはリブのほうが正しいと思うぞ。

…へ？

ほら、みたか。ざまあ！

お前、ムカつく…。

サービス残業＝命の搾取

そもそも、人間がなぜ働かなきゃならないか、根本的な理由ってわかるか？

それは…食っていくためだろ？

その通り。これは人間に限らず、動物でもなんでも、生きていくためには食っていかなければならない。

そんなことは知ってるよ。

じゃあ、もしボク達が肉食動物だったとしたら、獲物を追いかけて仕留めるまでが仕事ってことになるだろ。その理屈で言うと、**サービス残業っていうのは、他の動物の狩りを手伝っても、分け前が一切ないってことだ。**

出所；iStock

そうそう。そんなことは弱肉強食の世界ではあり得ないですよね？　店長。

（今のチーターの写真いる？）人間は動物とは違うけど、かといって**タダ働きがまかり通るのはおかしい**。

人間は動物みたいに本能で生きてるわけじゃないからさ。そんな考え方をされたらかなわんわ。

でも人間の社会も弱肉強食だしな。サービス残業を強要するのは、タダで命をくれって言ってるようなものだぞ。

そんな大袈裟なことじゃないだろ。仕事を円滑に回すために協力してくださいって言ってるだけなんだから。

仕事を回すためなら従業員の命なんてどうでもいいのか？

そんなこと言ってないだろ。

仕事を円滑に回したいなら経費をかけろよ。タダで済まそうとするのは身勝手だよ。

いいよもう。俺一人で片付けるから。……ああ、これから明日の仕込みもあるのに、今日は朝までかかりそうだな。今月まだ一日も休んでない。最近めまいがするけど、もしかして過労かな？　たまにはゆっくり休みたいなあ…。

……。ちっ、わかったよ、うるせえな。片付ければいいんだろ、片付ければ。

リブ、やめとけ。一度甘やかすと、今度からそれが当たり前になる。

そうか…。

ブラック企業の手法だよ。わざと従業員数をギリギリにして、一人ひとりの責任を重くしてたくさん働かせるという作戦だよ。

マジか…。汚ねえこと考えるんだな。

悪かったな、ブラック企業で。

雇われる側が、経営のことを心配するのがおかしいんだよ。それで潰れるなら経営者の責任だからな。

なるほど。

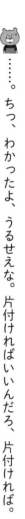

サービス残業をさせるのは「能力が低い経営者」

自分の仕事だけやればいいの。**他人の仕事まで手伝う義理はない**。その分の給料をもらえるわけじゃないんだから。

そうだよな。

これは**ジョブ型の会社が多い欧米的考え方**（※）で、**日本はメンバーシップ型の会社が多い**。日本では社員は家族、困ったときは助け合うといった、一致団結、連帯行動が当たり前なんだ。

※**ジョブ型の会社が多い欧米的考え方**　ジョブ型雇用は、職務内容・勤務地・時間など条件を明確にして雇用契約を結び、就業者は契約の範囲内でのみ働くという雇用システム。基本的に別の部署や他の拠点への異動・転勤はなく、昇進や降格もない。メンバーシップ型雇用は職務や勤務地を限定せず、新卒で正社員を一括採用し、長期にわたって雇用する雇用システム。日本ではメンバーシップ型のほうが一般的。

そりゃ、そうだろ。従業員同士助け合わなきゃ円滑に仕事が進まないんだから。

しかし、その**恩恵を受けるのは仕事ができない奴らだ**。**仕事のできる人間は足を引っ張られるだけ**。求人にアットホームな職場とか書いてある企業は、怪しいと思ったほうがいいな。

まじか。いい職場だと思って応募したことがあるぞ。

経営がうまくいかないのを従業員のせいにするのは、経営者として能力が低いからだ。仕事量と従業員の力量、作業時間、利益、こういうのをきちんと計算できないから、従業員に負担をかけるんだ。

そうだぞ、この能無し経営者。

サービス残業をさせる経営者は、**能力が低いか、人件費をケチってるか、どちらか**だ。そういう会社は長くはもたない。とっとと辞めたほうがいい。潰れそうな会社で一生懸命働いても仕方ない。

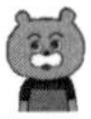

この店ももう潰れそうだし、サービス残業はしなくていいな。

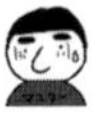

ひどい……。

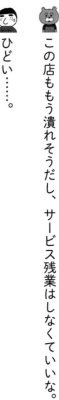

「能力が低い」と言われた経営者の末路

「時給900円」なのはそれだけの価値しかないから

居酒屋の店内。バイトのリブがマスターに時給を上げてくれと言う。トレトレ店長が割って入り、リブに「お前の価値が上がれば給料も上がる」と言うが…。

「金持ちの１時間」と「貧乏人の１時間」では価値が違う

テメエ、まじでやっちまうぞ、ゴラアアアアアア！

なによ？　文句があるなら辞めればいいだろ。

ああ？　本当に辞めていいのか？　俺が辞めたら、テメエは毎日怯えながら夜道を歩かんとならんぞ。いつ店が全焼してもいいように、今のうちに保険掛けとけよ、コラ。

なんか、物騒な話が聞こえてきたんだけど、一体どうしたんだよ？

こいつが時給を１０００円に上げてくれってうるさくてさ。

ああ？　上げてくれたっていいだろうが、ドケチかよ？　テメエ。

まあまあ、マスターにもいろいろ都合があるんだからさ。一方的に賃上げしろって言っても、なかなか難しいだろ。大体、１０００円って金額はどこから出てきたんだ？

パチ屋で働いてる友達が時給１０００円もらってるんだぞ。なのに俺が時給９００円なのは不公平だ。同じ接客の仕事なのによ。

お前もパチ屋で働けばいいだろ。

だって、面接で落とされたんだもん。

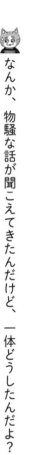

じゃあ、仕方ないな。**お前の時給が９００円なのは、お前の１時間には９００円の価値しか無いってことだよ。**

ああ？　何だよ、それ？

いいか、これは大事なことだからよく聞いておけよ。人間はみんな平等に１日24時間与えられている。でも、**同じ1時間でも、金持ちの1時間と、貧乏人の1時間では、価値が違う。**

どういうことだよ？

プロテストに受かったばかりの新人ボクサーが最初の試合でもらえるファイトマネーは4万円程度だ。でも、フロイド・メイウェザーなら1試合で何十億円も稼ぐ。これが人としての価値の違いなんだよ。

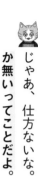

じゃあ、俺は価値が無いってことかよ、ああ？　悪かったな、無価値な人間でよ。

無価値とは言ってないだろ。どうやったら自分の価値を上げられるかって話だ。

知らねえよ、そんなこと。

社会で生きている限り、努力の積み重ねで認められるしかないんだよ。いきなり芸能事務所にスカウトされて、明日からレギュラー番組を持つなんてことはあり得ないんだからな。

仕事できないくせに賃上げばっか要求すんなよ。

ああ？

時給を１０００円に上げたいなら、賃金交渉の前に、時給１０００円もらえる人間になることが先決だよ。努力を積み重ねていけば１０００円が２０００円になるんだからな。時給１万円だって夢じゃない。

どうやったら自分の価値を上げられるんだよ？

手っ取り早いのは、**自分の得意なことを仕事にする**ことだ。

得意なこと？

たとえば、ボクの場合ＹｏｕＴｕｂｅに作品を上げて、それを観てくれる人が増えれば増えるほど、時間あたりの収入も上がってくる。今じゃ普通の会社員では稼げないような額を毎月いただいてるよ。おかげさまで。

少しは俺にまわせや、ボケが。

でも、もしボクが自分の才能を生かせない仕事をしていたら、今はトレトレ店長ではなか

ったかもしれない。お金ももらえてないだろうしな。

だから、何だっていうのよ？

お金というものは、その人の時間に対する対価なんだよ。ビートたけしや明石家さんまは1時間でギャラが100万円以上らしいが、売れない芸人がMCを務めたって、そんな高額なギャラをもらえるわけがない。

そりゃそうだろ。

大物芸能人だって駆け出しの頃はギャラが安かったはずだ。それが今、高額なギャラをもらえるのは、努力の積み重ねが認められたってことだ。

じゃあ、俺も世間に認められればいいのか？

そういうこと。世間に認知されるのとされないのとじゃ天と地の差だからな。

でも、世間に認められるなんて、いろいろと大変だろ。

そりゃ、楽なことではないわな。でも、今はネットがあるんだからさ。昔よりは全然簡単になってると思うぞ。

どういうふうにだよ？

たとえば、歌手を目指してる人だと、昔はオーディションを受けて音楽の専門家に認められなければプロになれなかっただろ。

ああ。

でも、今はネットで自分の歌を聞いてもらえる。昔はどんなに歌がうまくても、レコード会社と契約しなければ、一般の人に歌声を届けるのは難しかったからな。

まあ、そうだけどよ。でも、そういう才能のある人はいいとして、特別な才能がない一般人が世間にどうやったら認められるんだよ。

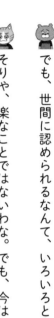

別に特別なことをする必要なんてないよ。今飲食店で働いてるんだから一生懸命接客するとかな。

こんな客の来ない店で一生懸命接客したところで何にもならんだろ。

客が来ないのはお前が原因だけどな。

ああ？　コラ。

「スカウトされる人材」になれ

そうやって**腐った態度で働くのが一番時間を無駄にしてる**んだぞ。自ら自分の価値を下げるようなものだ。

何だよ、それ？

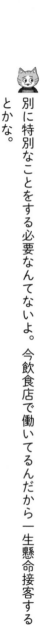

じゃあ、お前が客の立場だとして、愛想が良くて気が利く店員がいる店と、ふてくされて無愛想な店員がいる店だったらどっちに行く？　普通は間違っても後者に行こうと思わないだろ。

まあ、そうだけどよ…。

だから、自然に前者の店が流行って客も入る。客が入ると売上も上がって時給が上がる可能性も高くなる。

その通りだな。

それに、そんな優秀な店員なら世間が放っておかない。たとえ今の店で時給が上がらなくても、もっといい条件で雇ってくれる人が必ず現れる。ボクも高校生のとき、酒屋で配達のバイトをしてたんだけど、配達先のバーのオーナーからスカウトされたことがあったからな。

テメエがバーで働いたら、手当たり次第に女に手つけてクビになってただろ。

まあ、それは否定できないけど…。でも、スカウトされれば間違いなく給料が上がる。今より低い給料でスカウトする奴はいないからな。だから、どうせ同じ時間働くんだったら、嫌々やるんじゃなくて、**その時間に精一杯力を注ぎ込むことが、時間の価値を上げるための秘訣《ひけつ》**なんだよ。

アンタ、たまにはいいこと言うな。

でも俺、接客は向いてないし…。

それは理解してるんだな。

ああ？

だったら、何か資格を取るとかさ。資格を持ってるってだけでも、世間は認めてくれるからな。なぜなら、それは努力をした証拠だからだ。

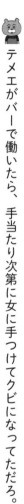

資格ねえ。

自分の価値が上がれば、ブラック企業なんか辞めたって、いい仕事が舞い込んでくるもんだ。

そうだ。自分に自信があるなら、他の企業に自分を売り込めばいいんだ。

そうそう。それに時給に不満があるなら完全出来高制とか、成果報酬型の仕事をやったほうがいいんじゃないか。

そういえば、お前、委託の宅配の仕事で結構稼いでたよな？　そっちのほうが向いてるんじゃないのか？

あの仕事は嫌だ。上司がムカつくんだもん。

短気な奴は何やっても成就《じょうじゅ》しないよ。

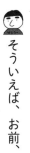

ああ？

終身雇用が崩壊した時代の生き方

居酒屋の店内。お客のトレトレ店長がテレビを見ている。とある企業の社員が過労で自殺したニュースが流れているが…。

仕事は食っていくための手段に過ぎない

自殺する前に、「逃げる」コマンドを選択すればいいのになあ…。

選択したけど、回り込まれてしまったんじゃないのか？

ボクには過労死するまで仕事するのが正しいとは思えないんだよな。

でも、それくらい責任が大きかったんじゃないのか。

そんなの関係ないんだよ。**仕事なんか食っていくための手段であって、命が危険にさらされるなら回避したほうがいい。**

まあ、そうだけど…。

好きでやってる仕事じゃなきゃなおさらだな。食っていけるなら、無理に辛い仕事をする必要はないだろ。

たしかに。

他の世界が目に入らなくなってるんだろうな。きっと、自宅と駅のホームと電車の中と会社にある自分の机だけの世界になってるんだろ。

悲しい人生だな。

あとは、親の期待や世間の目があってなかなか辞められないんだろうな。ボクなんか履歴書を書けば誰でも受かるような会社しか勤めたことがないから、迷いなく辞めてきたけどな。

アンタは職を転々としすぎなんだよ。

「企業の歯車」は捨てられて終わり

割のいい仕事があれば転職するのは当然だろ。ましてや、パワハラ上司がいる会社とか、残業ばっかりさせられるブラック企業なんて、選択する理由がどこにも見つからない。

そんなにドライに考えられるのはアンタくらいだよ。

日本人は真面目すぎるんだよ。仕事を一生懸命やるのはいいことだけど、過度に責任を負うのはどうかと思うぞ。結局、企業の歯車でしかないんだから、**使えなくなったら捨てられて終わり**だしな。

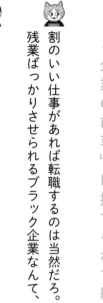

企業に対してめちゃめちゃ悲観的だな。

長時間労働は自分の時間を安売りしてるのと同義なんだし、そんな会社辞めたほうがいいんだよ。そういえば、「過労死」って言葉は外国でも通じる（※）らしいぞ。

※**「過労死」って言葉は外国でも通じる**　欧米諸国には「過労死」という概念がなかったため、日本語由来の「KAROUSHI」がそのまま使われている。ちなみに日本では「1カ月間に100時間以上」あるいは「2～6カ月間にわたって80時間以上」の時間外労働が「過労死ライン」とされ、労災認定の基準となっている。

「津波」が外国でも「TSUNAMI」で通じるのと同じだな。

そんな縁起の悪い言葉が使われるこの国の労働環境がおかしいだろ。**生きるために仕事をするんだろ。なんで仕事のために死ななきゃならないんだよ。**本末転倒とはまさにこのことだよ。

当事者にしかわからない事情もあるだろ。

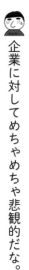

会社を辞めるのはノミがあくびをする程度のこと

追い詰められる前に誰かに相談したほうがいいと思う。一人で悩んだってどうせロクな案は浮かばないんだから。

たしかにな。

ボクも極貧生活時代そうだったんだよ。切羽詰まると想像力が見事に欠落してしまうからな。とにかく目の前の物事をなんとかすることしか考えられなくなって、結果、悪いほうへ悪いほうへと流されていくんだよ。そういうときは**一度冷静になって、違う視点から物事を見ないとダメ**だ。

人間、余裕がないとロクな判断ができないってことか。

それに気づかないと、どんどんドツボにはまる一方だからな。自分と違った目線で物事を

見ている人の話は聞いたほうがいいと思うぞ。

切羽詰まった人が冷静に人の話なんか聞けるかね？

あとは、思い切って会社を辞めるとかな。

それができれば過労死なんかしないだろ。

まあ、今の時代、終身雇用なんか崩壊しちまってるんだから、思い切って転職して環境を変えるのも手だと思うけど。なかなか踏み出す勇気が出ないのは仕方ないけどな。でも、**地球規模で考えれば、会社を辞めることなんて、ノミがあくびをする程度のこと**だからな。

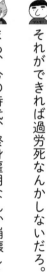

割のいい仕事があれば転職するのは当然

第2章

「蛍光灯おじさん」にならないための〝生きがい〟の考え方

社畜から脱出するための「副業のすすめ」

居酒屋の店内。バイトのリブは副業をしたいという。お客のトレトレ店長は、自分の副業経験を語るが…。

「副業＝バイト」ではなく「副業＝ビジネス」

店長、なんか、いいバイトないすか？

バイト？　お前、ここでバイトしてるだろ。

いや、そういう話じゃなくて、なんか、いい副業はないかって（※）聞いてんの。

※**いい副業はないかって**　２０１８年、厚生労働省が「副業・兼業の促進に関するガイドライン」を策定し、一般企業でも副業解禁の動きが加速。

副業？　そんなのネットにいくらでもあるだろ。ＳＮＳをよく使うお前らのほうが、ボクより詳しいんじゃないの？

じゃあ、これなんかどう思います？　Ｔｗｉｔｔｅｒで日給10万のバイト募集してるんですけど。

それは１００％闇バイトだろ。１日10万稼げる合法のバイトがあったら、この国に貧困はないだろうし。

どうすればいいバイトが探せるんだよ？

便利な情報社会なのに、バイトひとつ探せないのかよ。

ああ？

お前がバイトを見つけられないのは、どこかの誰かに雇ってもらうことしか考えてないからだよ。「副業＝バイト」じゃなくて、「副業＝ビジネス」として考えてみろよ。

どういうことだよ？

参考までに、ボクが今までにやってきた副業を教えてやるよ。26歳くらいから20年近く副業してきたけど、**人に使われて働いたことなんてほぼない**からな。

マジかよ？

まず26歳のときの話をしよう。当時、ボクはデパートのテレビゲーム売り場で契約社員として働いていた。そのときの副業がトレーディングカード、トレカの販売だよ（※）。

※トレカの販売だよ　収集や交換を目的としたカードのこと。1993年にアメリカで作られたカードゲーム「Magic:The Gathering」が発祥とされる。日本でも「ポケモンカードゲーム」「遊☆戯☆王オフィシャルカードゲーム」のブームで人気が定着。

おもちゃ売り場でトレカを売るのは当たり前じゃないのか。

まあ、既製品はそうだよな。でも、パックやデッキを売るのではなく、今みたいにカードを1枚1枚単品で売ってたんだよ。

どこで？

ネットオークションだ（※）。当時はカードショップもあまり無かったから、今みたいに単品で買える場所が少なかったんだよ。

※**ネットオークションだ**　インターネット上で行われるオークションのこと。代表的なものに「ヤフオク！（Yahoo!オークション）」など。「メルカリ」などフリマアプリも人気。

そういえば、俺が中学生くらいの頃だもんな、カードショップがたくさんできたのって。

毎日何時間もテレビゲーム売り場のレジに立つだろ。ヒマでヒマで仕方ないんだよ。ひどいときなんか、1日に3人くらいしかお客さんが来ない日もあったからな。

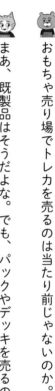

その3人のために、レジにずっと立ってるのも苦痛だな。

そのときにふと思ったんだ。レアカードの入ったパックがどれかわかれば、オークションで売って儲けられるんじゃないかって。当時のカードはレアカードとノーマルカードを違う場所で作っていたから、パックを閉じるシーラーの跡が明らかに違った。だから、ほぼ百発百中で当てられるようになったんだよ。

その発想は**ビジネスとしては斬新だけど、会社員としてはかなり危険**だよな。ところで、そのカードはどこで仕入れたんだよ？

他店に行って片っ端から買いまくったよ。

それは今問題になってる転売ヤーと同じ手口じゃねえのか？

全然違う。売れ残ってるカードを買ってるだけで、誰にも迷惑はかけてないし。たまたまボクにレアカードを見破るスキルがあっただけで。

そんな奴がいるから、一般人が貧乏くじを引くんだぞ。アンタのおかげでノーマルカードばかり掴まされた少年の気持ちも考えろよ。

金儲けを叩く奴が多すぎる

まあ、てな感じでな。他にもテレビゲーム売り場で働いてたときは、その環境を利用して別のスキルを習得していたってわけよ。

子供に夢を売る職場で何やってんだよ。

いや、逆だな。**日本では金儲けを汚いことだと叩く奴が多すぎる**んだよ。ボクは当時トレカで一般的な会社員の月給くらいは稼いでたけど、それくらいズル賢く渡っていかないと。稼げたほうが仕事も目標ができて楽しくなってくるのよ。

目標がかなり偏ってるけどな。

テレビゲーム売り場の仕事を辞めて電力会社に入ってから、ネットオークションの出品代行を副業で始めた。当時はまだネット売買のハードルが高かったから、代行業って結構需要があったんだぞ。

どのくらい儲けてたんだよ？

落札価格の3割が手数料だったな。当時はシステム手数料が5％だったから、ボクの利益率は25％。それでもリサイクルショップで安く買い叩かれるより得だったんだよ。

その頃はもうトレカは売らなかったのかよ？

もはやサーチ対策が万全で、とても視認で判断できるレベルじゃなくなってたからな。まあ、こういうスキマ商売はいつまでも続かないのが定石よ。

なのに、なんでカードショップなんか始めたんだよ？

サーチできなくなって、子供から安く買い取ったほうが手っ取り早いと思って。

考え方が悪どいな。

でも、カードショップでお客さんを待ってても儲からないから、営業時間を短縮して、運送の副業を始めたんだよ。それも時給とかじゃないぞ。完全出来高制の請負の仕事だぞ。

いいなあ。俺にもそんな仕事ないかなあ。

気長に探せばあると思うぞ。今は通販の配送から、フードデリバリー、高齢者向けの配食サービスまで、配達員はいくらでも必要な時代（※）だからな。でも、なるべく楽で短時間の仕事を選べよ。運送の長時間労働はマジでキツいからな。

※**配達員はいくらでも必要な時代**　少子高齢化による人口減少で、ドライバー不足が深刻な問題に。日本ロジスティクスシステム協会によると２０１５年のドライバー数は約76万人だが、２０３０年には約51万人と、約32％の減少が予測されている。

ああ、俺も年末にやったけど、あんなもん何カ月も続ける自信はないわ。

カードショップを廃業したあとは、運送の仕事を本業にして、副業でYouTuberを始めたんだよ。本業っていっても、1日6時間くらいだったけどな。その後、運送業を辞めてYouTubeが本業になったから、そろそろ面白い副業を考えないとな。

そう考えると、アンタって、元々、副業としてやってたことを本業にしてるんだな。

言われてみればそうだな。

でも、元々やってた本業を副業にするとか考えなかったのかよ?

それはないわ。

なんで?

だって、ずっと同じ仕事をしてたら飽きるだろ。

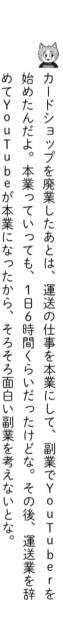

社畜にならないために副業を探せ

引き続き居酒屋の店内。お客のトレトレ店長は、バイトのリブに、動画編集やシナリオライターの副業をすすめるが…。

「副業」を次の「本業」にする

上手な副業の選び方がわかっただろ？

ま、まあな…。

お前みたいに、その場しのぎで副業を探しても、結局、長続きしないで辞めちゃうんだよ。
でも、次の本業を見据えて副業を探すなら、一生懸命頑張ろうという気になるし、今の仕

事がダメになっても乗り換えしやすい。

そうだな。

副業として重要なのは、**短時間からでも働けて、本業にした場合にもそこそこ食っていけるくらい稼げる**こと。

具体的にはどういう仕事がベストなんだよ？

ボクがお前の立場だったら、動画編集の仕事とかシナリオライターとか、そういう仕事を探すだろうな。家でもできるし、時間もある程度自由だし。

でも、どこからそんな仕事をもらえばいいんだよ？

ＳＮＳにいっぱい転がってるだろ。動画編集者を募集するＹｏｕＴｕｂｅｒも結構いるぞ。

そうなのか？

ボクは外注したことがないから知らんけど、雑学系の動画チャンネルとか、よくシナリオライターを募集してるぞ。

ちょっと調べてみるかな。

「努力せずに金を稼げる」は大間違い

数年前、某チャンネルにボクの動画をパクられたことがあるんだよ。ほぼ同じ内容の脚本で、ボクの後に動画をアップされた。きっと、シナリオライターがボクの動画をパクって、配信者に売りつけたんだろうな。

マジかよ？　そういうのもアリなの？

もちろんダメ。でも配信者のことは責められないな。そのシナリオライターが書いた脚本だと思って買ったんだろうし。何を言いたいかというと、そんな**ひどいシナリオライター**

でも、需要があるってことさ。

それ、めっちゃいい話聞いた。

パクるのは絶対ダメだからな。こういう業界は信用が第一だ。個人商売は何でもそうだけど、一度、悪い噂が立ったらもうおしまいなのよ。

世の中、いい話なんてなかなか無いんだな。

お前は楽して金を稼ごうとしすぎなんだよ。まあ楽にこしたことはないけど、**努力せずに金を稼げると思うのは大間違い**だ。そういう奴ほど変なオンラインセミナーとかに騙されるんだよ。

悪かったな。

いっそのこと、ＹｏｕＴｕｂｅｒをやってみるのも手だと思うぞ。収益化まで多少時間がかかるかもしれないけど、根気よくやっていれば、少しずつ稼げるようになるからな。

いや、収益化までが大変だろ。

その間は動画編集の練習だと思ってさ。どんなビジネスだってすぐには稼げないんだから。

まあ、そうだけど。

他のビジネスに比べて、YouTuberのいいところはたくさんある。まず1つ目は、**寝てても金が入ってくる**ところだ。

そうなのか？

労働収入と違って、YouTuberは半分権利収入みたいなもんだからな。視聴者が観てくれれば売り上げになる。それに、なんといっても活動時間が自由だ。

なるほど。

2つ目は、**経費として認められる幅が広い**こと。映像制作に使ったものは経費として申請できる（※）からな。

※**映像制作に使ったものは経費として申請できる**　動画制作が主目的で、プライベート用でない場合に限られる。動画の内容との関係を証明できない場合は経費にできない。旅行動画の場合、「旅行が主たる目的で、ついでに動画を撮影したとき」は経費算入不可となる。また、衣装代やメイク代はレビュー動画やコスプレ動画など、そのコンテンツに必須の場合のみ経費にできる。その他、一般的な動画で着用する普段着の購入費用は経費にできない。

すげえな。

３つ目、売り上げ１０００万円以上の個人事業主は消費税がかかるし、今後はインボイス制度の導入で、１０００万円以下でもインボイス登録事業者になれば消費税の支払い義務がある。**だがＹｏｕＴｕｂｅの収入には消費税がかからない**（※）。

※**ＹｏｕＴｕｂｅの収入には消費税がかからない**　ＹｏｕＴｕｂｅの広告収入は「グーグルアドセンス」といって、海外のグーグル社との取引にあたり、消費税は不課税とされる。しかし、いわゆる「案件」など国内の事業者から直接広告収入を得る場合などは消費税が課税されるので注意。またこの措置自体が今後変更される可能性もある。詳しくは税理士等に相談すること。

めっちゃ、いいビジネスじゃねえかよ。

まあ、その代わり収入の変動が半端じゃない人も結構いるみたいだけどな。でも、ボクがやってきたビジネスの中で、最強の利益率をたたき出してる。

そんないい仕事なのかよ？

まあ、稼げればの話だけど。

「副業」で社畜として働かなくても済むようになる

今までの話の流れでわかっただろ。副業の選び方と重要性が。

なんとなくな。

そして、副業のすごいところはもっとその先にあるんだよ。

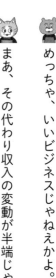

というと？

いざとなったら食っていける副業を持ってことは、今の仕事に依存しなくてもいいってことだ。つまり**社畜として働かなくても済む**ってこと。

なるほど。

会社側が従業員をコキ使うのは、従業員側に弱みがあるからだからな。クビになったら生活に困るだとか、ローンの残る家をどうすればいいかとか。でも、**副業の収入があるから、クビになっても大丈夫だし、強気でいける**だろ。

たしかにな。

だから、会社と自分との力関係のバランスを保つためにも、いざとなったら食える副業が大事なんだよ。

じゃあ、副業禁止の場合はどうするんだよ？

その場合は、株や不動産投資だな。

でも、そんなの金のある奴にしかできないだろ。

だったら転職するしかないだろ。

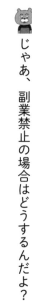

楽して金を稼ごうとしすぎな人

若者はなぜ出世を嫌がるのか

居酒屋の店内。お客のトレトレ店長がスマホでネットニュースを読んでいる。「最近の若者は出世を嫌がる」という記事に、一言言いたくなるが…。

上にいくほど苦しい思いをする

ネットニュースに載ってたけど、最近の公務員の若い連中は出世したくない（※）らしいな。

※**最近の公務員の若い連中は出世したくない**　朝日新聞の調査によると、最近10年間で昇任試験を実施していた13の都府県・政令指定都市のうち、少なくとも8つの自治体で試験の受験率が下がっていた。川崎市では２０１２年の56%から21年は45・7%に下がっていた。（２０２２年11月7日付朝日新聞デジタル『「出世したくない」公務員増えた？昇進試験「準備ができない」訳は』より）

そうらしいな。

まあ、お役所仕事なんて**上にいけばいくほど、上司と部下のサンドイッチ状態で、苦しい思いをするだけ**だからな。出世して給料が倍になるわけじゃないし、ヒラのほうが効率のいい働き方だよな。

まあ、公務員は給料のベースが高いから、ヒラでも十分なんだろ。

これ、ボクが30年前から言ってることなんだよ。ただ当時、出世したくないと言ったら、上司に怒られるわ、まわりから白い目で見られるわで散々だったけど。

それだけ世間の考え方も変わってきたんだろ。今じゃ会社の飲み会も少なくなったみたいだし。

飲み会に参加するなら、その分給料を払ってくれって言う若者もいるんだろ。まあ、わからんでもないけど。

勤務時間外に社員を拘束するのはおかしな話だからな。

でも、そういうプライドの高いマスターみたいな人間は、仕事を選んでばかりで、結局ロクな仕事に就けないんだろうな。

うるせえな。

まあ、こっちは会社に時間を売る立場だからな。**金にならないなら、そこに費やす無駄な時間はない。**

まあ、そういうことだ。

「職場の飲み会」にも価値がある

でもさ、行きたくないから行かないのはダメだと思うぞ。

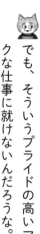

どういうことだ？

飲み会に参加することで、仕事仲間と信頼関係を築ける場合もある。その後の人生における良き友になれるかもしれないだろ。「飲み会はだるい、家でゲームしてたほうがマシ」と言って行かないのはもったいない。**人生を変えるチャンスをみすみす捨てているようなもの**だろ。

まあな。

でも、**上司の武勇伝とか、陰口大会が始まる飲み会なら、参加するだけ無駄**だけどな。家でゲームやってたほうが有意義だ。ただ、自分の時間が欲しいという理由で参加しないのは、ボクは人生の損失だと思うけどね。

そこまで？

だって、**社会に出ると友達なんてなかなかできない**よ。まあ、仲良くならなくていい人間もいるけど。

うちのバイトみたいにな。

ああ？　コラ。俺もテメエなんかと仲良くなりたくねえわ。

はいはい。君達は十分仲がいいよ。

「仕事をしなくても給料をもらえる」がダメな理由

考えがあって出世を拒むのはいいけど、仕事したくないだけなら考えものだな。

どういうこと？

仕事ができないのに、出世したくないというのはおかしな話だろ。野球部の補欠がプロ野球選手になりたくないって言うようなもんだからな。

まあ、出世したくないじゃなくて、出世できないの間違いだからな。

特に公務員は我々の税金を預かっているわけだから。公共のサービスを高める義務がある。

アンタは公務員に厳しいな。

公務員に厳しいんじゃなくて、仕事ができなくてもいいと思ってる奴に厳しいんだよ。**仕事をしなくても給料をもらえると思うのは社会主義的な考え方**だ。そういう人間がいると日本人のレベルが下がる。

やる気がないんだろうな。

「そこに勤めるのがゴール」という人もいるよな。そういう人たちは、自分がどれほど迷惑をかけているか気づいていない。

公務員という仕事はそういうもんじゃないのか。お役所って全体主義みたいなもんだから、

個人が頑張って仕事しても報われないだろ。

一生懸命働いても、仕事しない奴と給料が一緒だと、腹立つよな。

まあ、公務員はしょうがないけどな。

ボクが昔勤めてた電力会社に、「蛍光灯おじさん」ていうあだ名の社員がいてな。パソコンが使えないから、事務所の蛍光灯を取り替える仕事だけやってたんだよ。

それで会社を辞めない神経が逆にすごいよ。

昔はちゃんと仕事してたんだろうけどな。

でも、そういう図太い奴が一番幸せなんじゃないか。仕事の責任を負うこともなく、定時に帰って家で晩酌して、定年まで働けるんだからな。

電力会社だから年金もわりともらえるだろうし、老後の心配もいらないもんな。

だから出世を嫌がるんじゃないのか。

そんな奴ばかりになったら、日本がおかしくなっちまう。

「縄文時代」は「1日4時間労働」で良かった!?

居酒屋の店内。トレトレ店長は、バイトのリブに、なぜこの店で働いているのかを聞くが…。

「金を稼ぐだけの仕事」はアリか？

ところで、リブさ。なんで、この店で働こうと思ったの？

へ？

いや、前はボクのカードショップで働いてたわけだろ。なのに、なんでいきなり居酒屋の店員になったのかなって。

カードショップだと、給料を全部カードに使っちゃうからな。

なるほど。だから、金を使いようがない飲食店に勤めたのか。

そういうこと。

つまり、**「ライフワーク」から「ライスワーク」に切り替えた**ってわけだ。

なんだよ？　「ライスワーク」って？

読んで字の通り、ご飯を食べるためにやる仕事のことだよ。ちなみに対義語の「ライフワーク」は、生きがいを追求する仕事みたいな意味だ。

へえ。

お前の場合、好きなカードゲームができるカードショップ店員がライフワークで、給料のために仕方なく働いている居酒屋店員はライスワークってわけさ。

そんなに興味がないなら辞めてもらっていいからな。

ああ？　コラ。

仕事にやりがいを求めても無駄

マスター。従業員にそこまで要求するのは欲張りってもんだよ。

なんでよ？

だって、**ほとんどの人は生活のために仕方なく仕事してる**んだぞ。なのに、**仕事を好きになれとか、やりがいを見つけろとか、高い意識を要求しても無駄**だよ。そんな意識の高い従業員なんかほとんどいないって。

そうだぞ、コラ。

ボクが若いとき、会社の上司に仕事は楽しいかって聞かれて、生活のために仕事してるんだから楽しいわけないじゃないですかって言った。そしたらめちゃくちゃ怒られた。

そりゃ怒るわ。

でも、逆に、当時の上司たちは仕事を楽しいと思ってたんだろうか。ボクにはつまらない仕事に見えたけどな。それを朝から晩まで一生懸命やるって、どういう思考回路なんだろうと不思議に思った。

アンタが不真面目すぎるんだよ。

でも、当時の上司たちはいつも愚痴ばかり言ってたぞ。やっぱり仕事が嫌だったんだろうな。「ライフワーク」としてやってたんじゃなく、「ライスワーク」だったわけだ。

まあ、そういうことになるな。

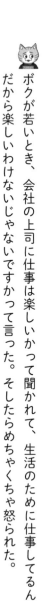

じゃあ、なんで仕事が楽しいか聞くんだろうな。上司でさえ嫌な仕事なんだから、部下が楽しいと思うわけない。

上司だから仕方なく聞いたんだろ。

面倒くせえな。おっさんの見栄のために怒られたのかよ。

そういうことになるな。

嫌なら嫌だって正直に言えばいいんだよ。そのほうが親近感が湧くし、部下に慕われると思うんだけどな。

大人になると言いたいことも言えなくなるんだろ。

ボク、そういうの無理。

アンタはそうだろうな。

日本人は労働を神聖なものと見すぎ

大体さ、**なんで知的生命体である人間が、飯を食うために、カラスと同じくらい長い時間働かなきゃならない**んだよ。縄文時代は1日4時間しか働かなかったって聞いたぞ。文明が発達した現代に、倍の8時間も働くのはおかしいだろ。

普通の人はそうは考えないけどな。

日本人は労働を神聖なものと見すぎなんだよ。時給1000円じゃ、1日8時間働いても、月に20万くらいしか稼げないんだぞ。そんな労働じゃ豊かになれないって、なんで気づかないんだろうな。

仕方ないだろ。労働しないと食っていけないんだからさ。

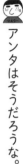

そんなに労働してたら勉強にまわす時間がなくなっちゃう。

いったい、何の勉強をするんだよ？

そりゃ、もちろんビジネスに関する勉強さ。でも、労働を優先しすぎると、仕事で気力も体力も奪われ、勉強するどころじゃなくなる。

それは仕方ないだろ。

労働に縛られる生活から脱却すべきなんだよ。人間は知的生命体だから、頭を使えばなんだって変えられる。**本気で豊かな生活を目指すなら、労働時間は極力短くして、スキルを上げるための勉強をしたり、生きがいを追求するほうに時間を割くのが先決**だ。

そんな余裕どこにあるんだよ？

あるだろ。**みんなテレビを観たりスマホを触ったり、無駄な時間を過ごしてる**んだから。

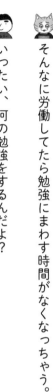

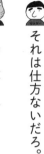

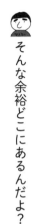

まあ、そうだけど。

ボクも数年前までドラクエに１日３時間費やしてたけど、その３時間を動画制作にまわしたおかげで、生活が１８０度変わった。それだけで人生は劇的に変わるんだよ。

でも、日々のルーティンを変えるのはなかなか難しいよな。今まで自分がやってきたことを否定するみたいでさ。

変わるのを恐れてたら何も始まらないって。それに、オンラインゲームとかソシャゲなんかに時間とお金を費やしても無駄だよ。

そうなんだけど…。でも、やめられないんだよなあ。

それじゃ、一生ライスワークだぞ。

まあな。

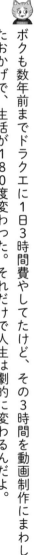

1日8時間も働くなら、ライスワークは半分の4時間、残りの4時間はライフワークにあてたいところ。そうすれば、みんなもっと余裕を持てるだろうし、「仕事が楽しいか」なんてアホなことを聞く奴も減る。

でも、それじゃ生活できねえだろ。

本業と副業を4時間ずつやればいいんだよ。どっちが食うためのライスワークかは、それぞれの事情に合わせればいい。

じゃあ、俺も居酒屋の勤務を4時間にしてもらって、残りの4時間はカードショップでバイトしようかな。

そのほうがいいんじゃないか。まあ、お前の場合はすぐ破産しそうだけど。

そのときはこの働き方をすすめたアンタに責任を取ってもらって、無利子、無期限で金を借りるから。

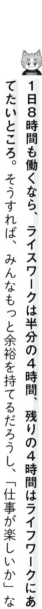

お前はブラックリストに載ってるからお断りだわ。

ああ？

ブラックリストに載ってる人はお断り

第3章

「金持ち奴隷」と「貧乏貴族」

貧乏人は「価値のないもの」にお金を使う

居酒屋の店内。リブは新しいカードゲームのために、トレトレ店長に借金を申し込むが…。

「金欠病」になる理由

店長、金貸して。

何に使うんだよ？

今日、新しく出たカードゲームのパックを買うんだよ。

それって、今日買わないともう手に入らないものなのか？

いや、別にいつでも売ってるけど。

じゃあ、急いで今日買わなくてもいいだろ。

だって、友達がみんな今日買うから、俺も一緒にパック開けたいんだよ。

小学生か、お前は？

ああ？

大体、カードなんて出たときがＭＡＸで、時間が経つにつれ値段が落ちていく。だったら、安くなるまで待って買ったほうがお得だろ。

だって、その頃にはモチベーションが下がってるし。

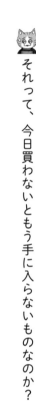

だったら買わなくてもいいだろ。

ああ？　いいから、貸せよ！

……。お前さ、そういう金の使い方をしてるから金欠病なんだぞ。

ああ？　テメエは金持ってるんだから、少しは貸してくれてもいいだろうが。

お金持ちは「価値のあるもの」しか買わない

お前さ、お金持ちがなぜお金持ちなのか考えたことあるか？

商売で成功したからに決まってるだろ。

それだけじゃダメなんだよ。お金持ちになるにはいくつかの条件を満たすことが必要なんだ。そのひとつがお金の使い方だ。

どういうことよ？

お金持ちは高くても「価値のあるもの」しか買わないんだよ。服にしても、本当に気に入ったものしか買わない。でもお前はとりあえず着れればいいって感じだろ。

悪かったな。

「安物買いの銭失い」ってことわざがあるけど、まさにそれ。**貧乏人は価値の無い物にお金を使うから、あとに何も残らない**。さらにお金が無くなっていくだけ。そうやってどんどん貧しくなっていくんだ。まさに負のスパイラルだな。

うるせえな。

お金が無いのにローンを組んではいけない理由

お金持ちの家って物が少なくて、生活感が無いくらいスッキリしてるんだよ。それに比べて、お前の部屋はどうせガラクタだらけだろ？

仕方ねえだろ。欲しい気持ちは我慢できないんだからよ。

金が無いのに無理してローンを組んで、家とか車とか買うから、余計に労働から抜け出せなくなるんだぞ。**借金っていうのは、自分の未来を前借りしてるのと同義**だからな。

でも、金が無い奴は借金するしか方法がないだろ。

金が無いのに買うこと自体おかしいだろ。そういう奴らがサブプライムローンを借りて家を買っていたけど、そのサブプライムローンが破綻して、リーマンショックが起きた（※）んだよ。

※サブプライムローンが破綻して、リーマンショックが起きた　サブプライムローンとは、信用力が低い低所得者向けの住宅ローンのこと。借りたあとの数年間は金利を低く設定したりと、借りやすい工夫がされていた。サブプライムローンで購入した住宅を担保に、さらにローンを借りることも行われていたが、２００６年頃にアメリカの住宅価格の上昇が止まり、債権が焦げ付いて「サブプライムローン問題」が発生。のちの「リーマンショック」につながった。

知らねえよ、そんなこと。

要は社会的信用度の低い低所得者層にもお金を貸して家を買わせたんだよ。不動産会社は家が売れるし、金融機関は金利が入るしでウハウハだったんだが、結局、みんな払えなくなった。その結果、金融機関まで潰れちまったのさ（※）。

※その結果、金融機関まで潰れちまったのさ　サブプライムローンを組み入れた金融商品を多数保有していたリーマン・ブラザーズが、２００８年に突如破綻。負債総額が６０００億ドルという巨額の破綻だった。これがきっかけで世界的な金融危機が発生し、「リーマンショック」と呼ばれている。

そもそも、新築の家や新車はいずれ価値が下がるんだから、**金利を払ってローンで買うのは損**だと思うんだよ。

友達が新築の家を買ったり、高級車に乗ってると自分も欲しくなるのは仕方ないだろ。

人は人、自分は自分だろ。友達がお金持ちだからって自分もお金持ちになれるわけじゃないんだから。大体、借金があると次何かやろうとしたときに身動きが取れなくなるぞ。

今が楽しければそれでいいだろ。明日、死ぬかもしれないんだし。

今までの話、全然聞いてなかっただろ。**1年後に紙くず同然になる物にお金を使うと貧乏になるだけ**だぞ。お金持ちはそうならないように、現金だけじゃなく、現物資産とかにポートフォリオを振り分けてる（※）んだよ。

好きなものに使えなきゃ金なんて意味ねえだろ。

※**現金だけじゃなく、現物資産とかにポートフォリオを振り分けてる**　現物資産とは不動産・金など形のある資産のこと。資産の構成をポートフォリオというが、資産を株や現物資産などいろいろなものに分散するほうがリスク回避になる。

だったら株でも買ったほうがマシじゃないか？　ワンチャン増えるかもしれないし。

結局、俺に金を貸したくないだけだろ？　クソ。もし、宝くじで7億当たったら、殺し屋雇ってテメエを消してもらうからな。覚悟しとけよ。

だから、それが無駄な使い方だっつうの。

「ケチでセコい奴」はお金持ちになれない

居酒屋の店内。バイトのリブが千円札の束を持っている。お釣りの間違いで得をしたというが、お客のトレトレ店長は、返してくるようリブを説得する…。

癖はなかなか直らない

さっき、カードショップでトレカ買ったらよ、5千円出したのに、店員が勘違いして、9千円以上もお釣りをくれたんだよ。マジでスーパーラッキー。

いや、お前、それ返してこいよ。犯罪になるかもしれないぞ。

なんでだよ。向こうが間違ったんだろ。

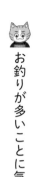

お釣りが多いことに気づいてて返さないのはダメなんだよ。

じゃあ、気づいてなければいいんだろ。ああ、全然お釣り多くなかったなー。なんか、財布に5千円多く入ってる気もするけど。たぶん、昨日パチンコで勝ったときの金だろうなあ。

お前、きっとロクな死に方しないぞ。

いいんだよ。こういうチャンスなんて滅多にないんだから。

いや、それはチャンスでもなんでもないだろ。早く返してこい。

やだよ。

警察に通報しようかな。

やめろよ！　こちとら、金に困ってるんだ。背に腹はかえられねえんだよ。

お前さ…、**そういう習慣が身についちゃうと、誰の前でもそういう姿勢で生きてくようになっちゃうぞ。**癖っていうのは、なかなか直らないからな。

ズルをすればズルい奴だと見られる

たとえば友達と歩いていて財布を拾ったとするだろ。そこで真面目に警察に届ければ、友達はお前のことを正直な奴だと思うけど、もし横取りしたらお前はそういう奴だと思われるぞ。何かあったときにはきっとお前が疑われる。

そういえば、うちのレジの金もたまに合わないときがあるんだよな。まさか、お前の仕業じゃないだろうな？

テメエの数え間違いだろ。

ズルをして一時的に得しても、他人からはズルい奴だと見られているんだよ。それは一生の損だぞ。お金に関しては誠実に生きないとダメなんだよ。

そうだぞ。

テメエは余計な口を挟むなや、ボケ。

お金は「人を幸せにする人間」に集まる

「小さな得を掴むより、徳を積め」。自分の欲求のためにケチるより、人のためになることをしろって意味だよ。

それはただのお人よしだろ。そんなんじゃ、この弱肉強食の世の中生きていけねえぞ。

セコい奴と思われて何の得があるんだよ？

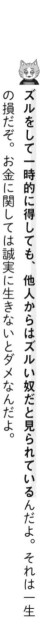

いいんだよ。勝てば官軍、キレイごと言ったって負ければただの負け犬よ。

そういうケチでセコい奴はお金持ちにはなれないぞ。**お金は人を幸せにする人間に集まるもので、私利私欲ばかりの人間からは逃げていく。**

金に感情があるわけねえだろ。ただの紙切れなんだからよ。

「悪銭身につかず」というが、そういうお金は人のためにパアッと使うとかしないとロクなことがないぞ。

ていうか、お釣りくらいちゃんと返しに行けよ。

お金に関しては誠実に生きないとダメ

「脱税」はダメでも「節税」はしたほうがいい

居酒屋の店内。お客のトレトレ店長がトイレから帰ってくる。マスターはトレトレ店長に、節電のためにトイレの電気を消すように言うが…。

設備投資は経費にできる

店長、トイレ使ったらちゃんと電気消してくれよ。

ああ、悪い悪い。ていうか、ふつう客に言う？　それ。

今は電気代が高騰してるからな。少しでも節約しないと。

電気代は経費になるだろ。

うちは節税できるほど売上が無いの。

じゃあ、もっと大きな店をかまえて従業員をたくさん雇って、売上を作れる店にすればいいだろ。そして、バンバン経費で物をそろえればいいんだよ。

まあ、売上が上がればの話だけどな。

『金持ち父さん貧乏父さん』って本にある通り、**会社員は稼いだ金から税金を引かれた残りが使えるお金だが、経営者は金を使った後の残りから税金が引かれる。**同じ収入でも使えるお金は天と地ほど違う。わかるよな。

まあ…。

飲食店なら設備は経費にできるんだからさ。店舗だって中古物件を買えば減価償却も短期間で終わる。店があれば家賃を払わないで済むし。あとは楽に経営できるだろ。

まあな。

若いうちに頑張って稼いで、設備投資したほうがいいと思うぞ。

店長、コイツはそんな柄じゃねえよ。そのうち廃業して、コンビニで深夜バイトするのがオチだわ。

お前の人件費を浮かせて、設備投資に回すよ。

ああ？

ほんと君達って、仲がいいのか悪いのかわからんね。

いいわけねえだろ。

国民が節税しても政府は困らない

でも、脱税はいかんが、節税は考えたほうがいいと思うぞ。

そんなに国に抵抗したいのかよ？

日本は30年近く、税金だけ上がって、賃金は上がってないんだぞ。

たしかに。

これが企業だったらどうよ？　売上も株価も全く上がらない企業には誰も投資しないだろ。

そりゃ、そうだな…。

でも、**日本の国民は、ある意味、そういうクソ株を強制的に買わされてるんだよ。日本国**

という最悪な株をな。

まあ、言ってることはごもっともかもしれんけど。でも、税収が少なくなると困るんじゃないのか？

政府は簡単に財政破綻しない（※）からな。国債を発行すればいいんだから。

※**政府は簡単に財政破綻しない**　ＭＭＴ（Modern Monetary Theory）では、自国通貨を発行する主権国家は、家計とは違い、財政破綻しないとされている。

それに今はバブル期より税収が多い（※）んだぞ。

※**バブル期より税収が多い**　消費税収の伸びなどにより２０２１年度の一般会計の税収は67兆３７９億円と、２年連続で過去最高となった。

国の予算が厳しいから増税しますって言ってたはずだろ。お金の使い方に無駄が多いんだよ。だから、**国民がもっと節税しても政府は困らない**んだ。

そんなこと言っても普通の人に節税なんて無理じゃないか。

いや、普通の人こそもっと税金について勉強しなきゃダメだよ。納税は国民の義務、社会のためにはきちんと税金を収めるべきだって言うけど、本当に社会貢献したいなら、節税して**1円でも多くのお金を手元に残して、それを社会のために使ったほうが効果的**だろ。

会社員でもできる節税

ちなみに会社員ができる節税って、どういうのがあるんだよ？

まず**ふるさと納税（※）があるだろ。**

※**ふるさと納税**　生まれ故郷や応援したい自治体に寄付ができる制度。寄付金から事務手数料２０００円を引いた額を住民税から控除できる。また、自治体が用意するさまざまな返礼品を受け取れる。

ほかにも、**家を買うときは住宅ローン減税（※）を活用できる。**

※**住宅ローン減税**　住宅ローンを利用して住宅を購入した際、ローン残高の０・７％を最大13年間にわたって所得税から控除できる制度（２０２２年の税制改正以前は１％を10年間）。

あとは、親や子供に仕送りをしている場合は、別居していても**自分の扶養に入れて扶養控除（※）を受けられる。**

※**扶養控除**　配偶者以外に生計をともにする家族がいる場合、年間所得が48万円以下などの条件を満たせば、１人あたり一定額を所得から控除できる。16歳未満は児童手当の対象なので除外。また19歳以上22歳以下は「特定扶養親族」として控除額が63万円に上がる。

それと、**ｉＤｅＣｏ（※）に加入すれば、掛け金が全額所得控除の対象となる。**

※**ｉＤｅＣｏ**　個人型確定拠出年金のこと。加入者が積み立てたお金を、老後に国民年金や厚生年金に上乗せして受け取れる制度。積み立て金は定期預金の他、投資信託でも運用できる。

要は老後の貯金をしながら節税してるようなもんだ。ほとんど金利が付かない銀行預金よりよほどお得だ。

結構節税ってできるもんなんだな。

だから、もっと税金のことを勉強しないといけないんだよ。

自分で勉強するしかないってことか。

情弱のままだといいように搾取されちまうからな。損をしたくなければお金の勉強をしろってこと。

まあ、税金の勉強なんて学校でやらんからな。

俺も節税しようかな。

お前は節税の前に無駄づかいをやめろ。

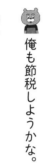

ああ？

「1本128円のきゅうり」ってどうよ？

居酒屋の店内。お客のトレトレ店長が、マスターに、きゅうりの漬物があるかどうか聞くが…。

物価が高くてきゅうりが買えない

マスター、きゅうりの漬物ってある？

あるけど、なんで？

いや、ずっときゅうりの漬物が食べたかったんだけど、今、きゅうりが高くて買えないんだよ。

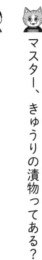

別に買えるだろ、きゅうりくらい。

買えないって、１本１２８円もするんだぞ。

アンタは金持ってるんだから、１００本くらい買っても屁でもないだろ。

でも、夏になればきゅうりなんてうちの畑でタダで手に入る。それをなんで、１２８円も出して買わなきゃならないんだよ。

仕方ないだろ。今は夏じゃないんだからさ。

でもきゅうり１本１２８円は高い。

ケチケチするなよ。金を貯めても天国には持っていけねえぞ。今のうちにパアッと使っちまえよ、パアッと。

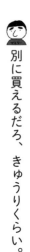

でも、きゅうり1本128円を高いと思わない金銭感覚はヤバいだろ。

生活水準を下げるのは難しい

昔、金が無くてホームレスだったときがあったんだけどさ。

ああ、ベニヤ板の中で暮らしてたとき（※）か？

※ベニヤ板の中で暮らしてたとき　トレトレ店長はカードショップの3号店を開いたあと、開店資金の返済や養育費負担が重たかったことで、約2年間、店の中にベニヤ板で囲いを作って暮らしていた（「あとがき」参照）。

あのときはスーパーの酒売り場で「鍛高譚《たんたかたん》」って焼酎を見ても、高くて買えなかったんだよ。会社員時代にはよく飲んでた酒なのに。

高いって、1本1000円もしないくらいだろ？

その頃はホームレス同然の暮らしだったからさ。お酒なんて、たまにカップ酒かチューハイを買うくらいだったから、1本1000円近い値段を見て、よくこんな高い酒を飲んでたなあって思ったもんだ。**鍛高譚が魔王くらいの高級酒に見えたよ。**

どんだけよ。

お金に苦労したことがあるから、昔の金銭感覚を忘れないようにしてるんだよ。

シビアだな。

生活水準を上げるのは簡単だけど、下げるのは難しいからな。

贅沢にはキリがない

たしかに、今までビールを飲んでいた人が、明日から発泡酒を飲めと言われたら絶対嫌がるだろうな。

ボクなんか、スーパーに行くと最初に割引シールの肉からカゴに入れるからな。

がめつい主婦みたいだな。

昔と比べて多少は稼いでるけど、所詮は庶民だからな。自分で買い物にも行くし、家に執事がいるわけでもない。

そりゃそうだ。

一生、遊んで暮らしていけるなら別だけど、**贅沢にはキリがないからな**。１０００万の車を買ったら、今度は２０００万の車が欲しくなる。家を買えば次は別荘を持ちたくなる。

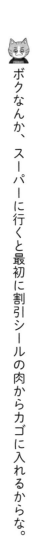

まあな。

お金に縛られない生活にあこがれて、お金持ちになったはずなのに、**贅沢ばかりしていたら、お金の奴隷に逆戻りだからな**。それはキツいから、普通の金銭感覚を保つように努力しているんだよ。

なるほどな。

なので、食品が高いときにはここに来て食べるに限る。ということで、マスター、きゅうりの漬物ひとつね。

昔の金銭感覚を忘れない人の行動

第4章

「ほぼオート」で お金が入ってくる生活

「どこにでもある仕事」はAIに奪われる

居酒屋の店内。バイトのリブがマスターに、給料の前借りを頼んでいる。マスターが断り、険悪な空気に。そこにトレトレ店長が割って入るが…。

利益率が高い商売をやらなきゃダメ

マスター、給料前借りさせて。

はあ？　なんでよ？

だって、もう財布に15円しか入ってないんだもん。

お前の金遣いの荒さが問題だろ。

ああ？　いいから、出せよ。金はあるんだろ？

あるわけねえだろ。今月も売上が厳しいっていうのによ。

なんでないのよ？　レジの中に金入ってるだろ。

それは店の運転資金だろ。

自分だけ独り占めしやがって。

お前、まるで小学生並みの言動だな。

ああ？

ボクがカードショップやってたとき、小学生が来て、ノーマルカード1枚1円で買い取っ

て30円で売ってるんだから、この店、めちゃめちゃ儲かってるなって言ってた。それと同レベルだよ。

なに？

１００枚買い取ったら４枚は売れないと赤字だからな。そもそも１円で売りに来るようなカードだ。全部売れるわけがない。

在庫を抱えれば利益率が下がるってことか。

カードショップって、右から左へ商品を流すだけだからな。**ある意味、誰にでもできる商売だ。そういう商売ってのは儲からないんだよ。**

飲食店も一流シェフの店ならまだしも、その辺の居酒屋なんて調理師免許がなくても開けるからな。

結局、競合店だらけで単価を上げられない。だから大して儲からないんだよ。だから、**儲**

けたければ、それなりの単価を付けられる、利益率が高い商売をやらなきゃダメだ。

じゃあ、そういう商売をやればいいだろ。

そんなに簡単にできるなら誰も苦労しないよ。

「自分で商品を生み出せる商売」が理想

ボクのカードショップは友達の美容室と売上がほぼ同じだったんだよ。でも、ボクはホームレスになるくらい貧しかったのに、美容室をやってる奴は高級車を乗り回してた。この差はなぜだと思う？

利益率か？

そう。カードショップで1万円売り上げたとき、新品だと原価が約75%。買取でもいいとこ50%だ。どんなに頑張っても最大５０００円の利益がやっとだってこと。

いいじゃん、50％も利益が出たら。

でも、美容室だと原価の大半を占めるのは人件費だ。だから利益率が全然違うんだよ。

原価が少ないっていうのはいいな。

物販は商品が無ければ売上にならないからな。ゲーム機なんか、爆売れしているように見えるけど、ゲーム機本体の利益率はヒトケタ％程度じゃないかな。それくらいだとお店側はあまり利益が出ない。

そんなに低いのかよ？

それが当然なんだよ。メーカーは開発費をかけてるんだから、回収しないといけないし。右から左に流すだけの販売店が莫大な利益を得るほうがおかしい。

まあ、たしかにそうだな。

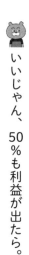

ボクがゲームショップで働いてたとき、本体ばかり売ると利益率が下がるから、ソフトやアクセサリーも一緒に売れって、よくバイヤーに言われてたよ。まあ、ソフトにしたって20%程度しか利益が出ないんだけどね。

ずいぶん利益率の低い商売だな。

だから、街中からゲームショップが消えていったんだよ。90年代のはじめまではそこそこ利益率が高かったみたいだけど、90年代なかばになると、どのメーカーも原価が高くなったからな。

そういえば、うちの近くにあったファミコンショップも、その頃には潰れちゃったな。

ボクが働いてたゲームショップも、全盛期の頃はフランチャイズ含めて全国に１００店舗くらいあったんだけど、今はその痕跡すら見当たらないからな。

それが、自分で商品を作れない商売の末路か。

原価が安くて、かつ自分で商品を生み出せる商売が理想だってことだ。

「自分にしかできない仕事」を探せ

飲食店は原価や光熱費、人件費が半端ないもんな。美容室のほうが儲かるのかもしれん。

美容室は誰でもやれる商売じゃない。学校に通って資格を取って、その後、何年も修行してようやく店を出せるんだ。潰れてしまうことだってあるし。

本当に狭き門だよな。

下積み時代に心が折れて（※）、辞めちゃう人が多いみたいだよ。

※下積み時代に心が折れて　厚生労働省によると、美容師の離職率は10年で92％にも達する。

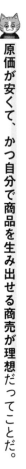

マジかよ。根性ねえな。

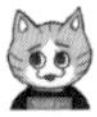

お前、美容師の下積みがどれだけ過酷か知ってるのか？　朝早く店に来て開店準備をして、閉店してから夜中まで練習するんだぞ。

ブラックどころの騒ぎじゃねえな。

下積みは美容師だけじゃないからな。ボクの知り合いのイタリアンシェフなんか、イタリアで修行中、ミスしたら先輩にペティナイフで刺されたって言ってたぞ。今でもふとももに何カ所か傷跡が残ってるらしい。

なんだよ？　そのパワハラは。

でも、そういう試練を乗り越えたから、今は笑って稼いでいるんだよ。

そうだよな。

それに、**これからはロボットやAIの時代だからな。どんどん仕事を奪われていくぞ。**

今は3Dプリンターで家が建つ（※）時代だからな。

※**3Dプリンターで家が建つ**　兵庫県西宮市のセレンディクスは、2022年に愛知県小牧市において3Dプリンター住宅を建築。広さ10平米、完成までの所要時間は23時間12分、価格は300万円という。

自分にしかできない仕事を探して、技術をみがくのが生き残る道だと思うけどな。

そうだぞ、リブ。苦労させてもらって感謝しろよ。

いや、マスターこそ危機感持ったほうがいいよ。

え？　でも、飲食店はロボットじゃできないだろ。

まあ、課題は多いと思うけど。でも、マスターみたいにネットでレシピを調べてるような店なら、ロボットに負けちゃうんじゃないのか。

悪かったな、ネットのレシピでよ。

「価格競争」はロボットに勝てない

まあ、チェーン店だって、マニュアル通りに作ってるだけかもしれんけど。ただ、同じような料理だと、他店と差がつかないし、価格競争になっちゃうだろ。そうなったらロボットには勝てない。

じゃあ、飲食店はやめたほうがいいのかよ？

別に全部の飲食店がなくなるわけじゃない。素晴らしい料理と憩いの場を提供してくれる飲食店には、これからもお客さんがつめかけるよ。一方、**価格競争になる商売、言い換えれば「どこにでもある仕事」は儲からない**。安くするために労働力を使い捨てにして、「ブラック企業」化するんじゃなければ。

アンタ、飲食店の経験なんかないだろ。

商売の本質は同じだと思うよ。やっぱり利益を最優先に考えないと。利益が下がればサービスの質も下がるから、経営が大変になるし。

じゃあ、具体的にどうすればいいのよ？

他の店にはないサービスを考えるしかないな。だって、今から修行して匠の技を身につけるなんて不可能だろ？

そりゃ、そうだけど。一体、どんなサービスをすりゃいいんだよ？

それがわかれば、とっくにボクが飲食店やってるよ。

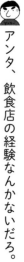

わからないくせに講釈垂れてたのかよ。

でも、マスターの経営方法は失敗した人と同じやり方だと思うぞ。このやり方であと5年店が続いたら、逆立ちで町内1周してやるわ。

言ったな。絶対、やってもらうからな。その約束忘れるなよ。

マスター、今の話、ちゃんと録音しといたから。

ま、マジ？　今のは言葉のあやというか…、あのう…。

絶対に手を出してはいけない商売3つ

居酒屋の店内。マスターはお客のトレトレ店長に、手を出してはいけない商売について聞くが…。

「在庫を持つ商売」は難しい

じゃあ、アンタならどういう商売をやるんだ？

ボクもマスターと同じで、何の資格も持ってないから、美容師みたいな商売は無理だな。できそうな仕事から、これだけは手を出したくない仕事を省いていって、残った候補から自分に合う商売を考えるかな。

じゃあ、どんなのが手を出したくない商売なんだよ？

まず、**ひとつ目が、「在庫を持つ商売」**。

アンタがやってたカードショップみたいなやつか？

そう。特に物販は必ず価格競争になるからな。結局、こういう商売って在庫を大量に持ってる奴が勝つんだよ。そのほうが、お客さんに買ってもらえる機会も増えるからな。でも、在庫をストックするのは、リスク以外の何ものでもない。

飲食店なら残ったら食えばいいけどな。

いや、むしろ飲食店は在庫に消費期限があるからより難しいよ。自分で食ったって売上にはならんし。ゴミとして捨てるか、食ってクソにするかの違いだ。

クソって…。

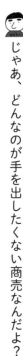

「従業員に依存する商売」は手間がかかりすぎる

次。**2つ目は「従業員に依存する商売」**。

なんだそれ？

要は、単価の割に手間がかかりすぎる商売ってこと。マスターがやってる飲食店もこれだな。飲食店で1日10万売るとなると、1人では無理だ。人員が必要になる。

それは仕方ないよな。

従業員を確保できているうちはいいさ。でも、従業員だって人間だから、いつもちゃんと働いてくれるとは限らない。風邪をひいて休むかもしれないし、突然辞めるかもしれない。この店のバイトみたいに、役に立たないかもしれんしな。

なに？　コラ。ちょっと表出ろや、おう。

そういう不安要素を抱えるのって、商売としてリスクが大きいと思うんだよ。それに、従業員に給料を払わないとならないしな。

それは痛いほどわかる。

ああ？

だから、できれば従業員を雇わずにやれる商売がいいだろうな。どうしても雇わなきゃならんとしても、2人くらいが限度かな。

なんで2人なんだよ？

そのくらいの人数なら人間関係に問題が起こりにくいからな。**人間はあまり多くの人間関係を持たないほうがいい（※）んだ。**

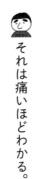

どっかのアイドルグループの話か？

「お客さんを待つ商売」は時間を奪われる

次、**3つ目は、「お客さんを待つ商売」**だ。

お店はみんなそうだろ。

でも、予約制の美容室なら、予約以外の時間は自由に行動できる。要は、いつ来るかわからないお客さんをずっと待ってると、自分の時間を奪われてしまうからな。

アンタ、カードショップにお客さんが来ないと、店を早く閉めて、遊びに行ってたよな。

※多くの人間関係を持たないほうがいい　英国の人類学者ロビン・ダンバーは、1993年、「人は150人以上とは意味のある人間関係を結べない」という研究を発表した。この数は「ダンバー数」と呼ばれている。

同じところでじっとしてると死んじゃうんだもん。

テメエはマグロかよ。

フランチャイズには気をつけろ

出所；iStock

（だから、今のマグロの写真いる？）最後。**「利益率の低い商売」**。

たとえば、どんなの？

コンビニなどのフランチャイズ経営だな。ひどい場合、純利益率が3％未満になることもあるという恐ろしい商売だ。そのくせ初期投資はかなり必要だし、バイトが集まらないと夜中でも自分で店に立たなきゃいけないし。

そんなにひどいのか？

昔の知り合いでコンビニ経営に手を出して、莫大な借金を抱えてしまった人がいるよ。今は借金返済のために夫婦で期間工の仕事をしてる。

それは悲惨だな。

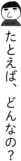

やるなら「不労所得」一択

結局アンタが商売をやるとしたら何をするんだよ？

「不労所得」一択だな。たとえば大家とか。

大家？

そう、不動産の賃貸。在庫も従業員も不要で、時間に縛られることもない。

でも、不動産なんて初期投資が必要だし、空き家リスクもあるだろ。

だから、なるべく事業用物件、テナントにする。商売向けの物件って、場所にもよるけど、空いてても意外とすぐ埋まるもんだ。

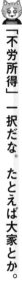

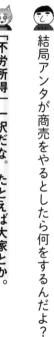

でも、コロナのときはお店が大変だったし、そもそもそんな物件てめちゃくちゃ高いだろ。

そういうリスクを避けるために、大きな店舗は買わない。リスクがデカすぎるからな。この店くらいのこぢんまりとした店ならリスクを抑えられる。

こぢんまりとした店で悪かったな。そもそもテナントが潰れるリスクもあるだろ。

潰れたらまた違う人が入ってくるし。世の中にはマスターみたいに、理想だけで利益度外視の商売をやる人がゴマンといるんだから。

ひっでえ。自分はやらないくせに、他人にはやらせるのかよ。悪魔みたいな奴だな。

それがビジネスってものだよ。そうやって情弱は搾取され続けるの。

ほんと、世の中って汚い。なあ？　リブ。

いや、アンタのような思春期の少年みたいにピュアな経営者も珍しいけどな。

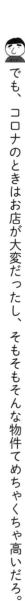

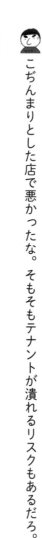

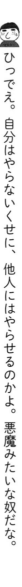

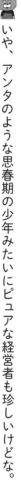

そうやって情弱は搾取され続ける

経営者は馬車馬のように働かなきゃダメ

居酒屋の店内。バイトのリブに掃除をさせたが、全くきれいになっていないので、マスターがやり直している。ついついリブの愚痴を言ってしまうが…。

人を雇うのは大変

ったく、リブには困ったもんだ。なんであんなに使えないんだ。これじゃ、一人でやったほうがよっぽどマシだよ。

まあ、人を雇うのは大変（※）だよな。だから、ボクは人を雇わなくていい仕事を選んでるんだよ。

※**人を雇うのは大変**　常時5人以上を雇用する個人事業所では、従業員を厚生年金に加入させなければならない（農林漁業、サービス業などを除く）。パート、アルバイトでも、1週間の労働時間および1カ月の所定労働日数が、通常の労働者の4分の3以上あれば加入が必要。保険料は、事業主と労働者で折半。

でも、経営者になれば、自分が働かなくても利益を得られるって、店長も言ってたろ。

それは、会社が大きくなった場合の話だからな。

そうなのか。

ちなみに、マスターは自分の給料をちゃんと確保できてるのか？

まあ、それなりにはな。

だったら、いいほうだよ。経営者の中には従業員の給料を払ったら、自分の取り分が無い人もたくさんいるんだから。

へえ、そうなのか。

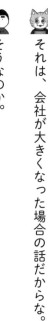

ボクの知り合いに、脱サラして飲食店を始めて3年以上経ってるのに、まだ自分の取り分が無い人がいる。毎日、体に鞭打って働いて、ボランティアみたいなものだよ。

それは悲惨だな…。

別の知り合いは、商売を始めて2年以上、1日2～3時間しか睡眠時間を取れなかったそうだ。今はまともな睡眠時間を取れてるみたいだけど、休みはいまだに取れないらしい。

ヤバいな…。

経営者って、実際には一番の労働者だからな。そこその会社じゃないかぎり、従業員はいてもバイトだ。仕事の責任はすべて経営者にのしかかる。

社長ってふんぞり返って何もしないイメージだったのに、実は大変なんだな。

何の苦労もないのは、創業2代目とか、3代目の社長くらいじゃないか。創業者は苦労の

連続だよ。ある会社の先代社長さんの話だけど、開業当時は釘１本買うのも苦労したらしいよ。

なんで？

実績がないから、取引してもらえなかったらしい。少しずつ実績を重ねて、取引先を広げていったそうだ。

商売って大変なんだな。

経営者は馬車馬のように働かなきゃダメなんだ。報酬を考えたら、社長よりバイトのほうが割がいいことだってあるぞ。

でも、世の中の社長がみんなそうじゃないだろ？　もっと、楽に儲けてるイメージがあるんだけど。

それは、成功者アピールしてる奴だけだろ。まあ、金持ちアピールしてる奴ほど、実際には借金まみれだったりするからな。

そうなのか？

だって、本当に金を持ってる奴は言わないからな。**自分を金持ちに見せたがる時点で、何か裏があると考えたほうがいい。**

あやうく騙されるところだったわ。

経営者になって勘違いする奴もいるよな。急に態度が偉そうになったりして。そういう会社で働くほうは大変だよ。従業員のことを召使いだと思ってるからな。

王様を気取るのはやめてほしいよな。

ボクが通ってた飲食店の店主がまさにそういう奴だった。朝、従業員が出勤して最初にやることは、店主を起こすことだったらしい。起こさないと怒るんだそうだ。

ただのパワハラだろ。

ある従業員が、店主を起こすのは業務外だって主張したら、クビになったらしい。

どんだけ王様なんだよ。

結局、その店は潰れちゃったんだけどね。まあ、客に対しても王様気取りだったからな。

うちのバイトも王様気取りだよな。

ああ？　なんか文句あるのか？

経営者っていうのは誰よりも仕事すべきなんだよ。そういう姿を見せて、初めて従業員はついてくる。

テメエも経営者なら一生懸命働け。

お前こそ仕事しろ。

ああ？

まあ、経営者をコキ使うバイトはどうかと思うけどな。

うるせえな、テメエ。くっちゃべってるヒマがあるなら便所掃除でもしてこい。

客までコキ使うのかよ、この店は…。

「死ぬまで働く」以外に方法はないのか

引き続き居酒屋の店内。マスターは経営者も楽じゃないことを悟る。どうすれば働かずに暮らせるのか、お客のトレトレ店長に聞くが…。

ベーシックインカムでは食えない

経営者になっても、死ぬまで働くのは変わらないんだな。

やっと気づいたか。

働かずに暮らす方法ってあるのかな。やっぱ、ベーシックインカムの導入（※）を待つしかないのか？

※**ベーシックインカムの導入**　国民の最低限の生活を保障するため、政府が決まった額を支給する制度。グローバル経済の発展とともに世界的に格差が拡大し、導入が検討されるようになった。アメリカのカリフォルニア州などで実験が始まっているほか、日本でも議論が続いている。

いや、ベーシックインカムだけじゃ食っていけないだろ。支給される額なんて生活保護より安い（※）んだから。

※**生活保護より安い**　竹中平蔵氏が2020年にテレビ出演した際に月7万円のベーシックインカム案に言及して話題になった。また日本維新の会の案では月6万円。一方、生活保護における最低生活費は、居住地や年齢によって違うが、月10万〜13万円程度とされる。

まあ、山奥で仙人みたいな生活をすれば別だけどな。

やっぱ株で儲けてFIRE（※）しかないいか。今から少しずつ投資しようかな。

※**株で儲けてFIRE**　FIREとは「Financial Independence, Retire Early」の頭文字。若いうちに一定の金融資産を築き、仕事をリタイアして配当収入で暮らすこと。利回りが年5％として、1億円の金融資産があれば、毎年500万円の配当収入が見込める。

一般人の場合、配当金で食っていけるようになるまで何十年もかかるぞ。

一発逆転を狙って仮想通貨でも買うか。

それは、もっと危険だろ。**それに仮想通貨の収益は税金が半端ない**（※）ぞ。55％も取られるんだから。

※**仮想通貨の収益は税金が半端ない**　仮想通貨の収益は雑所得として総合課税扱いになり、最高45％の所得税がかかる（住民税・復興特別所得税を含めると約55％）。一方、株の取引による収益は分離課税となり、税率は約20％。またＮＩＳＡなど非課税の制度もある。

でも、セミリタイアはうらやましいなあ。

セミリタイアの中身によるよな。好きなことに没頭して暮らせるならいいけど。

俺は、1日中ゲームをやって、たまにアイドルのコンサートに行けたらそれでいいかな。

まあ、何をしようが個人の自由だしな…。

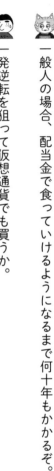

本当にそう思ってるか？　目が泳いでるぞ。

で、そのためには月にいくら必要なんだ？

一人暮らしで飯が食えてソシャゲに課金できて、コンサートの旅費があれば十分だから、まあ月に20万もあればいいかな。

全く仕事しないつもりかよ。

まあ、そうだな。

でも仕事の収入ゼロで月20万円の収入を確保するとなると、それこそ株で大儲けしないと無理だぞ。ゲームが好きなら、ゲーム実況で稼ぐのはどう？

うーん、ゲーム実況の配信ってアンチが多そうだしな…。

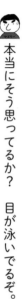

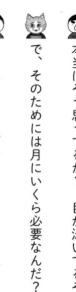

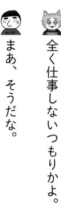

じゃあ、攻略サイトでも作ったら？　結構アフィリエイト収入があるみたいだぞ。

でも、稼げるようになるまで、何年もかかるんじゃないの？

それは個人のやる気とセンスの問題だろ。

店長は楽だよな。ＹｏｕＴｕｂｅｒだし。

お前な、ＹｏｕＴｕｂｅｒは大変なんだぞ。ウケる動画を作り続けなきゃならんし。

ＹｏｕＴｕｂｅｒで食えなくなったら、どうするつもりなんだよ？

そのときのこともちゃんと考えてるよ。そうなったら、本当にやりたいことをやるつもりだよ。小さなキャンプ場でも経営して、ゆっくり草刈りしながら暮らすさ。でも、キャンプ場の収入だけじゃ心もとないから、不動産を買ってテナントを入れようと思ってる。

どのくらいの収入になるの？

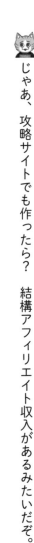

キャンプ場の売上で月30万。テナントの家賃で月10万ってとこかな。合計40万もあればいい身分だろ。

そんなに稼ごうとしてるの？

昼から酒飲んで暮らすには、そのくらい必要だろ。

ほんとダメ人間だな。マスター、こんな奴のアドバイスなんて信用しちゃダメだぞ。

だな。

相談に乗ってあげたのに、ひどい扱いだな…。

アドバイスを信用しちゃダメな人

第5章

「朝ゆっくりココアを飲める生活」のために今やるべきこと

ギャンブルは「死に金」の代表

居酒屋の店内。バイトのリブが珍しく大金を持っている。それを見てお客のトレトレ店長は借金を返すように迫るが…。

お金は使い方が大事

店長、この札束を見てくれよ。

一体、どうしたんだよ？　万年金欠病のお前が。銀行強盗でもしたのか？

ちげえよ。パチスロで勝ったんだよ。すげえだろ。一撃12万だぞ。

へえ。で、お土産は？

は？　なんで、テメエにお土産買わなきゃならないんだよ？

どうせあぶく銭だろ。だったら、お世話になっている人への恩返しに使ったほうがいいんじゃないのか。

バカじゃねえの？　全額自分のために使うに決まってるだろ。

じゃあ、お土産はいいからさ、ボクが貸したお金を返してくれよ。

それは12万じゃ足りねえだろ。

残りは次の機会でいいから。

次勝ったら全額まとめて返してやるよ。それまで待ってろよ。

どうせ負けてスッカラカンになるだろ。今、金があるうちに返してくれよ。

仕方ねえな。じゃあ、これな。

ん？　たったの2万？　いま12万あるんだろ？

全額渡したら、生活費が無くなる。

なんでそうなるんだよ？

うるせえな。今は俺の金だ。俺がどう使おうと勝手だろ。

お前さ、少しは金の使い方を考えろよ。お金を使えば人を幸せにできるんだからさ。**自分の欲求を満たすだけじゃなくて、人を喜ばせたり、感動を与えるために使うようにしろよ。**そうすれば、いずれもっとたくさんのお金が返ってくる。

そんなことあるのか？

たとえば、お前が好きなアニメの場合、制作会社は視聴者を喜ばせるために、制作費を使ってる。その結果、ファンが増え、グッズを買ってくれてお金が戻ってくるんだよ。アイドルのコンサートだって、ファンに感動してもらうために、会場や衣装にお金をかけているんだよ。それでみんなが喜べば、またお金が返ってくる。

お金は誰かを幸せにした対価

借金の話と何の関係があるんだよ？

お金を返せば、ボクは喜ぶ。

なぜテメエを喜ばせなきゃならないんだよ。

そういう使い方をしていれば、いずれお金は返ってくる（※）んだよ。

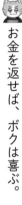

※いずれお金は返ってくる　贈与に対して社会規範として返礼を行うことを文化人類学では互酬（互酬性）と呼ぶ。世界的に資本主義の限界が議論される中、文化や共同体の重要性を指摘する声も多い。

何の根拠があるんだよ？

そもそもお金は人を幸せにした対価なんだよ。人を不幸にするような使い方をしていると、お金は逃げていく。

金は生き物じゃねえだろ。

お金が欲しいからって、コロナ給付金の４６３０万円を持ち逃げしたり（※）、闇バイトの受け子とかしちゃいけないんだよ。**一時的に儲かったとしても、人に憎まれたら、いずれダメになるからな。**逮捕されて刑務所に行くのがオチだ。

※コロナ給付金の４６３０万円を持ち逃げしたり　２０２２年４月、山口県阿武町が誤って１人の住民にコロナ給付金４６３０万円を振込み、大きな騒動になった。住民は誤入金であると知りつつ、ネットカジノ等で使ったと答えたため、電子計算機使用詐欺の疑いで逮捕された。

ただパチスロやっただけだろ。

お金は使い方が一番難しいんだよ。**どう使えば世の中が良くなるのか、人が幸せになるのか、しっかり考えて使うべきだ**。でないと、何百億も使ってマスクを国民に配る（※）ような政策をやっちゃうからな。お金を浪費しただけで、誰も幸せになっていない。

※何百億も使ってマスクを国民に配る　２０２０年、新型コロナウイルスの感染拡大を受けてマスク不足に。当時の安倍政権はマスクを全世帯に２枚ずつ配ることを決定したが、不織布マスクではなく布マスクだった、数百億円という費用が高すぎる、たった２枚では感染拡大を防止する効果は期待できない、など、世論は批判一色となった。

それはまさに死に金だわな。

残念なことにそういう無駄なお金、死に金が多いんだよ。

俺はそんな使い方してないぞ。

どうせ、またパチンコに行くんだろ。ギャンブルなんて死に金の代表だよ。絶対勝てないようにできてる（※）んだし。

※絶対勝てないようにできてる　ギャンブルは常に胴元が有利になるように設計されている。ギャンブルでお客が得られる賞金の割合を還元率というが、パチンコの還元率は80～90％、宝くじの還元率は約46％と、必ず掛け金を割り込む。

わかったわかった。今度パチンコで勝ったときに牛丼でも奢ってやるよ。

お前絶対わかってないだろ…。

金持ちを批判しても 1円にもならない

居酒屋の店内。お客のトレトレ店長は、バイトのリブに、自分の本の見本を見せる。リブはトレトレ店長が儲けすぎだというが…。

「自分が幸せになる方法」を考えるべき

ところで、店長、この本の印税って、いくら入ってくるの？

それはボクにもわからんよ。発行部数にもよるし。

ＹｏｕＴｕｂｅでしこたま儲けてるくせに。金儲けに精が出ますなあ。

いや、別にYouTubeでしこたま儲けてないし、金儲けのためでもない。単に、昔から本を出してみたいと思ってたんだよ。

やっぱ、金持ってる奴の言うことは違うねえ。俺みたいな凡人には一生縁のない話だな。

お前はどんだけ卑屈なんだよ。

悪かったな、卑屈で。クソ、ちょっと金持ったからって偉そうにしやがって。何様よ、テメエ。

お前さ、そういうことを言ってると、自分で自分の首を絞めることになるぞ。

ああ？

他人に嫉妬してイジけてたって、何かが変わるわけじゃないだろ。**他人を批判するヒマがあるなら、自分が幸せになる方法を考えろよ。**

うるせえな、守銭奴が。俺はテメエみたいに金のことばかり考えていたくねえんだよ。

年中、金のことばかり考えてるのはお前だろ。

お金から自由になるためにお金を稼ぐ

それに、**ボクがお金を稼ぐのは、金のことを考えたくないから**なんだぞ。

なんだよ、それ？

昔、カードショップを経営していた頃、毎日支払いのことばかり考えていた。多分、普通の会社員の一生分は金のことを考えたと思う。だから、残りの人生は金のことを一切考えたくないんだよ。

その割には投資とかもしてるだろ。

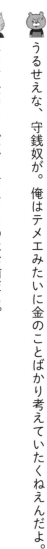

老後に金のことを考えたくないからだよ。それに投資の勉強もしてみたかったし。

じゃあ、何のために金儲けしてるんだよ？

今の自由な生活を続けるためさ。毎朝会社に行って好きでもない仕事をして、自分のやりたいことを諦める人生はたくさんだ。そのためには、ある程度の金が必要なんだよ。**必要な分の金があれば、金のことなんか考えなくて済む。**

まあ、それはそうかもしれんけど。

みんな金のことばかり考えてしまうのは、宇宙船の中で空気のことを考えるようなもんだ。有限だと思うから、必要以上に欲しがってしまう。

ＹｏｕＴｕｂｅで散々稼いでるくせに、よく言うよ。

稼いでないし。

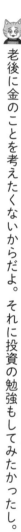

1再生あたり0・5円なんだろ。メインチャンネルだけで1億再生以上回ってるし、単純計算で5千万は稼いでるはず。贅沢してる風でもないし、生活費は年300万もいかないんじゃないか。だとしたら3千万くらい貯金しててもおかしくない。

そんなにあるわけないだろ。もっとお金について勉強したほうがいいぞ。

なんだと？

大金を貯めるのは難しい

稼げば稼ぐほど税金が高くなる（※）んだぞ。それを計算に入れてる？

あ…。

※**稼げば稼ぐほど税金が高くなる**　所得税の他、相続税や贈与税などでは所得に応じて税率が決まる累進課税の仕組みが採用されている。所得税の場合、最高税率は45％。

日本人の大半は給与所得で暮らしてるからな。手取りで考えがちなんだよ。実際には税金も払うし、動画制作の費用もかかる。YouTubeの収益がまるまる手元に残るわけじゃない。

でも、動画制作の費用なんてそんなにかからねえだろ。

むしろ、頑張って経費を使うようにしてるよ。そうしないと税金が高くなるし。

なるへそ。

プロ野球選手なんか、現役時代に何億円も稼いでいても、引退後に遊んで暮らしてる人はごくわずかだ。コーチや解説者の仕事をしたり、飲食店を始めたりする。サラリーマンになる人さえいる。**遊んで暮らせるくらいの大金を貯めるのは、それくらい難しい**ってこと。

だから、アンタもグッズ販売とかに手を出してるのか？

別に金儲けのためにやってるわけじゃないよ。ファンサービスになるし、面白いからやってるだけだ。そもそも物販は利益率が低いし、大して儲かってない。儲けたいなら、動画配信の頻度を高めるほうがいいしな。

なんでもっと動画を作らないんだ？

これ以上ペースを上げると大変だからな。自由な時間を削ってまで金を儲けたいとは思わない。忙しすぎて寿命が縮んだら困るしな。

寿命が縮めば金が必要なくなるからいいだろ。

そんな人生で幸せか？

まあ楽しくはねえな。

自由な生活のためには、ある程度のお金が必要だし、お金についての知識も必要だ。お金を持っている人間を批判するヒマがあったら、その勉強をしたほうがいい。

それはわかってるんだけどさ。**俺らが一生懸命働いても、たいして給料をもらえないのに、簡単に金を稼いでそうな奴らを見ると、なんかムカつくんだよな。**

気持ちはわかるけど、そう思っている時点で負けだよ。ボクはホームレスだった極貧時代に、お金を稼いでるＹｏｕＴｕｂｅｒを見て、ビジネスの参考にしていたよ。**金持ちを批判したって１円にもならないからな。**アンチコメントを書く時間があれば、お金の勉強をしたほうが余程マシだ。

いちいち偉そうに講釈垂れやがって。ああ、ムカつく。テメエのチャンネルに低評価押しまくってやる。

お前、人の話聞いてないだろ。

金を稼いでる奴を見るとなんかムカつく

日本人は「量産型ザク」のように働かされる

居酒屋の店内。マスターがバイトのリブに給料を手渡している。給料が安いと不満を言うリブ。お客のトレトレ店長はリブを諭すが…。

会社員は得じゃない

はい、今月分の給料。

たったこれっぽっちかよ。1カ月の汗と涙の結晶が。マジで働く気なくなるわ。

そんなに不満なら、明日から来なくていいぞ。

ああ、辞めてやんよ、こんなヘボい店。
クソ、絶対に後悔させてやるからな。食べログに悪口書きまくってやる。

マスターもヤバい奴を雇ったもんだな。

俺の人生の最大の汚点だよ。

どっかにいい会社ないかな？　完全週休2日制でボーナスももらえる会社がいいな。

お前みたいな奴はどこで働いても同じだよ。**仮に給料が上がっても、どうせまた不満に思うんだから。**

どうすればいいんだよ？　テメエが雇ってくれるのか？

なんで雇われることが前提なんだよ。自分でお金を稼ぐという発想はないのか？

雇われるほうが手っ取り早いだろ。

それじゃ、いつまでたってもお金に支配される人生だぞ。

ああ？

会社員は1日8時間文句も言えずに働かされ、税金はきっちり取られる。節税の方法も限られているしな。

8時間労働は普通だろ。

ボクは1日3時間しか働かないぞ。

それはアンタがおかしいんだよ。

教育の影響はあるよな。自営業をすすめる先生なんて学校にはいない。学校の先生は自営業じゃないし、商売のことは知らないしな。だから生徒には会社員をすすめる。生徒はすすめられた会社がどんな会社かもわからないまま就職する。そうやって**日本人は量産型ザ**

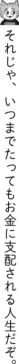

クのように個性を奪われ、会社の奴隷として働かされるってわけだ。

ひどい偏見だな。

会社員は得じゃないってことを言いたいんだよ。**いい大学を出て、いい会社に入っても、週40時間プラス残業が当たり前。年に２回ボーナスが出たところで割に合わない**よ。

めちゃくちゃ言ってるな。

会社員なんて、結局は使い捨ての駒に過ぎないからな。美味しいところにはありつけない。むしろ、**会社員として生きるってことは、搾取され放題の人生を送るってこと**だろ。

会社員に美味しい話は巡ってこない

どこの誰が搾取するんだよ？

お前、ダボス会議って知ってるか？

ダボス会議？

年に1度、スイスのダボスっていう街に、世界中のエリートが集まって会議をするんだ。**世界の政治や経済の動きは、このダボス会議で決まる**（※）っていう説もある。

※**世界の政治や経済の動きは、このダボス会議で決まる**　ダボス会議には世界各国の政府・金融関係者が集まるため、世界の政治経済に大きな影響力を持つとされる。

じゃあ、世の中の政治家はみんなそいつらの操り人形なのかよ？

実際のところどうなのかは知らんけどな。

でも、会社員はダメだっていう話とどういう関係があるんだ？

会社員になって、コツコツ働いても、美味しい話は巡ってこないってことさ。世の中が一

気に動くようなデカいビジネスは、そういうグローバルエリートが持っていくわけだ。普通の会社員はせいぜい税金をしぼりとられて終わりさ。

なんかそれ、ズルくないか？

実際、批判も多いけどな。現実問題として、**社会がルール通り、公明正大に動くとは限らない**しな。

でも、俺には関係ないね。

ボクも会社員時代はこんなこと考えなかったな。1日8時間働き、月に手取りで20万そこそこの給料をもらうだけの人生だったし。

月20万なら、年400万くらいか。そんなにもらえれば俺はめっちゃ嬉しいけどな。

年収400万じゃ余裕のある暮らしはできないだろ。**所得税や住民税、社会保険料で半分近く持っていかれる**（※）からな。

※**所得税や住民税、社会保険料で半分近く持っていかれる**　財務省が発表する日本の国民負担率は46・8%（2023年時点）。

闇が深いな。

いい会社に勤めれば人生イージーモード、っていう時代は終わったんだよ。これからは一人ひとりが意識を高く持たないと。

まあ、こいつには会社員も勤まらないけどな。

うるせえな、コラ。

世界の富の半分は1%の富裕層が持っている、っていう説もある。残りの**99%の人間は、できるだけ搾取されないようにしないとな。**

ひどい世の中だな。やっぱり会社員はやめようかな。

お前の場合は確実に面接で落ちるから、心配ないけどな。

ああ？　コラ。

「マニアックな変態」だからブルーオーシャンを見つけられる

引き続き居酒屋の店内。トレトレ店長はリブを相手にもっと自由に生きるべきだと熱弁を振るうが…。

安月給でコキ使われても仕方ない

お前も社会の仕組みがわかってきただろ。

ああ。

安月給で週40時間もコキ使われても仕方ないし、常識にはとらわれず、自由に生きるべきだと思う。

こいつは自分勝手すぎるけどな。

うるせえな、テメエ。

飯が食えて住むところがあれば、人間どこでも生きていける。都会で朝早くから満員電車に揺られなくても、田舎でゆっくり畑を耕して暮らしてもいい。ボクが田舎で暮らしているのは、そういう考えがあるからだよ。**田舎はいいぞ。家賃が安いし、自由に使えるお金が増える。**都心部でうちと同じ３ＬＤＫのマンションに住めば、家賃は今の４倍以上は取られるだろうな。

そんなに取られたらキツいな。

田舎でも目の前にスーパーはあるし、飲み屋街までタクシーで１０００円以内だ。かといって人が多すぎることもないし、車の渋滞も、騒音もない。飲食店に並ぶこともない。それでも、生活に困ることはない。

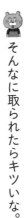

まあ、一応市街地だからな。

あと、**場所だけでなく、時間にも縛られないほうがいい**。ボクは個人事業主になってから20年間ずっと目覚まし時計を使ってない。夏は6時前に起きるけど、冬は8時を過ぎないと体が起きてくれないんだよ。ボクは朝ゆっくりココアを飲みながら太陽の光を浴びて、ヨガをやって部屋中掃除機をかける。そうしないと1日が始まらない。

それ全部やってると半日かかりそうだな。

あと、**借金はしないほうがいい。人生を縛られてしまうからな。**ローンで家なんか買うと身動きがとれなくなる。

アンタはローンの審査に通らないけどな。

「金持ち＝成功者」ではない

資本主義の世の中だけど、頑張れば報われるとは限らないからね。だったら、ある程度のお金を稼いで、それ以上頑張らないのが一番幸せじゃないかな。

世の中全部ぶっ壊したいな。

無駄だよ。**日本や世界の仕組みは何百年も前から続いてるし、そうそう壊れっこない**よ。

ヤバいな、この国。

消費税廃止とか、ぶっ壊すとか言ってる連中に投票しても意味ないよ。そもそも、政治家に自分の暮らしを良くしてもらおうと期待するほうが間違ってる。**この国は良くも悪くも変わらない**よ。

じゃあ政治家は税金泥棒じゃねえか。

政治家に頼っても無駄、自分の幸せは自分で掴むしかないってこと。クソみたいな国に暮らしてても、ボクは毎日それなりに幸せだぞ。

そりゃ、アンタみたいにマイペースに生きてりゃ幸せだわな。

みんな欲に目がくらむあまり、肝心なことに気づいていないんだよ。金持ちこそ成功者だと思わされてるからな。

成功者といえば金持ちのことだろ。

金を持ってても、自分の人生を生きていない奴は成功者とはいえないだろうな。逆に、金がなくても、自分の選んだ人生を生きている奴は、成功者といっていいんじゃないか。

なるほどな。

自分の人生を生きるためには、自由が一番大事だ。自由を奪われないためには、自分でお金を稼ぐことを学ぶ必要がある。そうしないと、会社員として家畜のように働く羽目になる。

家畜として働くほうが幸せだっていう人もいるだろ。自分で餌を探すよりも。

家畜の檻の中の生活にばかり目を向けないで、外の世界を見てみるのもいいと思うよ。

でも、どうやって自分で稼いでいけばいいんだよ。

ビジネス用語で、「レッドオーシャン」と「ブルーオーシャン」（※）という言葉がある。レッドオーシャンは競争相手が多いが需要も多い市場、逆にブルーオーシャンは競争相手が少ないが、需要があるかまだわからない市場のことだ。

※**「レッドオーシャン」と「ブルーオーシャン」** 競争相手が多い市場を狙うことを「レッドオーシャン戦略」、競争相手が少ない市場を狙うことを「ブルーオーシャン戦略」という。

一般向けとマニア向けみたいな感じか？　見極めがめちゃくちゃ難しそうだな。

ボクがＹｏｕＴｕｂｅを始めたときはブルーオーシャンだったな。当時はボクみたいな動画を出す人は他にいなかった。だから、人気ＹｏｕＴｕｂｅｒのように登録者１００万人は無理でも、マニアックな人には刺さると思った。それが20万人もいるとは思ってなかったけど。

変態動画をよく出し続けたよな。よほどマニアックな脳みその持ち主じゃないとできない。

ちゃんとゴールが見えていたからな。ゴルフと一緒だよ。カップから逆算してどこに打つべきか考えるんだ。

なるほどね。

まずは行動することだな。頭で考えても、現実は変わらない。

じゃあ、俺も目指してみようかな。

お前もマニアックな変態だから、ブルーオーシャンが見つかると思うぞ。

誰が変態だよ、コラ。ふざけんな、このダボ！

（日本で一番長い）あとがき

この本を手に取っていただき、ありがとうございます。

最後にボクがこの本を出すことになった経緯と、現在に至るまでのお話をしましょう。

誰かの決めたルールに従うのが苦手だった

1974年、北海道の旭川市でボクは生まれました。子供の頃から自分の世界に没頭するのが好きで、保育園のときは友達を作るよりも家で一人で遊んでいるのが好きな子供でした。保育園にもし留年があったら確実に留年していたほど、通園していませんでした。

小学校に上がる頃、会社員の父が毎朝嫌々仕事に行く姿を見て、将来は絶対サラリーマンにはならないと言っていたそうです。当時から、なぜ学校や会社に行かなければならないのか、疑問に感じていたのかもしれません。

集団生活が苦手というより、誰かの決めたルールに従うのが苦手だったのです。そのため、出勤時間が決められている仕事とか、社内ルールの厳しい会社とか、そういう仕事がいまだに苦痛で仕方ありません。数年に一度の運転免許更新時の講習ですら行くのが嫌なのです。

若い頃に一度、自称霊能者と名乗る人に前世を調べてもらったことがありました。その方の話によるとボクの前世は軍人だったそうです。定かではありませんが、もし、今の自分が軍人だったら、何者にも縛られない人生を望むのかもしれません。

小学校のときは保育園のときと違い学校に行くのが楽しみでした。なぜなら、まわりの友達がみんな変わった連中だったからです。

ボクの小学校は戦前、女郎宿があった地域にありました。なので、その名残りなのか、近所にはとてもカタギとは思えない人達がたくさんいました。

スーパーに買い物に行けば、やくざが店員を怒鳴り散らしていることも日常茶飯事でした。学校の友達にも、母子家庭で親が水商売なんて子供がたくさんいました。そんな友達の家で夜中まで遊ぶこともしょっちゅうでした。

普段から家に親がいない子供たちは生活力があって、ズバ抜けた発想力も持っていました。ボクはそういう友達から悪いことも含めていろんなことを学びました。そういう〝普通〟じゃない連中と遊ぶのが本当に楽しかったのです。そのときから〝普通〟の生活では満足できなかったのでしょう。

たまに以前働いていた会社の同僚と会うことがありますが、会社員として働いている連中とは話がかみ合いません。なので、今付き合っている友達はみんな自営業者です。子供の頃から変人と付き合っていたせいで、普通の人との付き合い方がわからないのでしょう。

漫画とギターに熱中した学生時代

中学校のときは漫画家になりたいと本気で思っていました。授業中は先生の話を聞かずに、ずっと漫画を描いていました。自分の頭の中で想像したことが絵になって作品になると、ものすごい達成感を味わうことができたのです。

当時、愛読していた「こち亀」の秋本治先生のような漫画家になりたいと、毎日毎日、学校でも家でも漫画を描いていました。しかし、それも中学1年生までで終わりを迎えることになります。当時は空前の不良ブームで小学校の頃ひょうきんだった変人の友達連中も、みんな眉間にしわを寄せて不良になってしまったからです。

あの頃、オタクという文化もなかった時代ですから、学校で漫画など描いていたら馬鹿にされるのが目に見えています。仕方なくまわりの友達と同様に、短い学生服を着てタバコを覚え夜遊びに没頭する毎日でした。

しかし、中学2年生の頃、友達の家でギターを触ったのがきっかけで、今度はギターに熱中してしまったのです。

当時、母親に無理を言って2万円のギターを買ってもらい、毎日何時間も触っていた記憶があります。

高校の頃は単位を取るための授業とテスト・だけ受けて、あとはバイトとバンド活動ばかりやっていました。高校の頃の記憶というと、酒の配達のバイトで飲み屋街を回っていたのと、ライブハウスにいたことくらいです。あとはパチンコの開店に並んだ記憶があります。先生の顔もクラスメイトの顔もあまり覚えていません。

そんな高校生活だったので、卒業が近づき、学校に来た求人の面接に行ってもすべて落とされました。ボクだけクラスで最後まで就職が決まらなかったのです。

新卒でブラック企業に就職

卒業が間近になった2月頃には、残っている求人が地方の工場勤務の期間工みたいな仕事しかありませんでした。どうしようかと考えていたとき、バイト先の社長から、取引先のバーからスカウトが来ていると知らされました。

ボクも昔から水商売に興味があったので、一発ＯＫしたところ、家族や親戚から猛反対を受けて断念しました。それで仕方なく就職情報誌を買い、自分で面接に行ったのが第1章に出てくるブラック企業です。

その会社の新入社員歓迎会で、浴びるほど酒を飲まされ、ゲロまみれで帰ってきたことを今でも鮮明に覚えています。せっかくのスーツがたった1日で台無しになってしまいました。

その会社は完全実力主義の営業の仕事で、事業部制に分かれており、成績の悪い部に入ると給料が上がらず、その上ボーナスまでカットされるという恐ろしい会社でした。ボクがいた当時、定年退職まで勤めた人がいなかったそうで、定年退職金が幻かのように語られていました。

入社1年目には地獄の新人研修というものがあり、白装束を着せられ3泊4日で山篭《ごも》りをするイベントもありました。まさにカルト宗教の修行みたいなもので、心身ともに極限状態まで追い詰め、会社の理念をたたき込まれるのです。中には泣き崩れてひきつけを起こす者や、裸足のまま脱走する者もいました。それでも会社側からすれば、その程度のメンタルでは、この先の仕事をこなすことは不可能なので、早いうちにふるいにかけるのが目的だったのでしょう。もし今の時代に同じことをやれば、社会問題になりかねないと思います。

研修が終わって一人前になると、毎日のように上司に怒鳴られる日々が始まりました。営業の仕事だったので移動距離も半端ではありません。旭川〜稚内間は往復500キロありますが、日帰りで出張することもよくありました。55連勤だったこともあります。

そんな会社で心身がボロボロになりながら毎日のように怒鳴られていると、少しくらい怒鳴られてもへこまないという処世術を学んでしまうのです。ボクの場合、上司の説教が始まると、頭の中で歌を歌っていました。気づけば説教も終わっているし、何を言われてもメンタルには響きません。2年目になると上司の怒鳴り声が環境音くらいにしか思えなくなり、何を言われてもスルーできるようになりました。

3年目になるともはや上司を相手にしなくなり、仕事で一杯一杯だった脳ミソにも、自分のことを考える余裕が出てきました。そんなとき、友達の紹介で自分で作曲している人と知り合い、しばらく忘れていた音楽への情熱がよみがえってきたのでした。

それからは出張中の車の中で鼻歌でメロディーを作り、出張先の旅館で歌詞を書き、家に帰ってギターでコードを付けるといった作曲活動に励むようになりました。

借金返済のためパチンコ店に就職

そしてミュージシャンを目指すために丸3年でその会社を辞めましたが、当時退屈な出張先で飲み歩いて作った借金が150万円程度あったため、とりあえず借金返済のために割のいい地元のパチンコ店に就職しました。

パチンコ店の給料は初任給で手取り15万円ありました。ブラック企業は3年目でも手取りで11万5千円しかくれなかったので、それに比べればかなりいい給料だったと思います。

しかし、入ってみてビックリしました。社員の無断欠勤は日常茶飯事。酔っ払って車で電柱に激突して出勤できなくなるとか、ボーナスをもらった次の日から一斉に来なくなる、メガネを踏んづけたから辞めますと電話してくる、ホールでモメて殴り合いをする…、ボクがいた2年間で100人以上の従業員が入れ替わるような職場でした。新台入替と同じペースで従業員も入れ替わるのです。

そんな職場だったので、まともに働いているとすぐ管理職を任されます。ボクもその一人で、お金の管理から玉場のメンテナンスまで何でもやらされ、2年間で月7万円も昇給しました。

パチンコ店で毎日パチンコ台を見ていると、出る機種と出ない機種の区別ができるようになります。当時は毎日他のパチンコ店に行っていました。

そんなこんなで借金は2年間で完済します。目標をクリアしたので、ボクはパチンコ店を退社しました。しかし、2年間もパチンコ漬けの生活をしていたせいか、今度は曲が浮かんでこなくなってしまいました。最後に作ったのが、ボクのＹｏｕＴｕｂｅチャンネルの５期エンディング曲「街角少女」で、それ以降、曲を生み出すことができなくなってしまったのです。

そんな感じでミュージシャン熱もすっかり冷めてしまい、会社を辞めたあとも３カ月近くパチンコで生活していました。

ゲームショップでトレカに出会う

そんな中、再就職手当ての手続きで職安に行くと、非常に楽チンそうで月17万円ももらえる仕事を見つけ、面接に行きました。それがゲームショップの仕事です。

ボクが働いていたゲームショップは某ショッピングモールに入っていて、テナント扱いでした。休みの日や休憩のときは代わりの人が店番をしてくれるのですが、基本は一人なのでのんびり仕事できました。きっと、このときから一人で仕事するのがクセになったのでしょう。誰に怒られるでもなく、誰にも気がねなく、一人で仕事するのがこんなに楽なのかと思い知るきっかけでした。

当時はプレステ全盛期で、ゲームマニアのヘビーユーザーから、普段あまりゲームをしないライトユーザーまで、たくさんの人が来店していました。特にクリスマスの時期には、子供へのプレゼントのため親たちがゲームソフトの争奪戦を繰り広げていました。

ポケモンのソフトの発売日にもなると、平日にもかかわらず親たちが店の入り口の前に行列を作っていました。手に入れられなかった人の中には涙を流して悔しがる人もいたほどです。

忙しい日には1日200万円くらいの売上がありました。それだけ、猫も杓子《しやくし》もゲームをやっていた時代だったのです。

しかし、クリスマスや正月などの繁忙期やビッグタイトルの発売日以外は基本ヒマだったので、同僚に教えてもらったネットオークションを勉強したり、遊☆戯☆王カードを研究したりと気楽な毎日を過ごしていました。

電気料金を滞納する家の電気を止める仕事

そのショッピングモールはのちにイオンと合併するのですが、ボクはその店に4年間勤めたあと、イオンに変わる前に、知り合いに誘われて電力会社の委託の仕事をすることになったのです。仕事の内容は電気メーターの検針作業です。

1日に3~4時間、ただメーターを見て回るだけの仕事なので、昼には家に帰ることができました。それで月30万円も手数料がもらえるという破格の待遇でした。まあ、車やガソリン代は自腹だったのですが。それでも25万は手元に残りました。

ただ、世の中そんなに甘い話は転がっていません。北海道の冬は雪が降ります。中でも旭川は豪雪地帯です。特にボクが回っていた地域は郊外の山間部ばかりで、夏は車で行ける場所でも冬になると車が通れません。

人が住んでいるところは除雪されていますが、残念なことに人の住んでいない山小屋にもメーターは付いています。なので、そのメーターひとつ見るためにかんじきを履き、雪の中を何百メートルも歩かなければならないのです。ドラマ「北の国から」をイメージしてもらえばわかると思いますが、冬は夏場の1・5倍ほど時間がかかりました。

まして郊外に行けば行くほどそういう建物が多く、また携帯電話のアンテナとかクロスカントリーの照明塔とか、除雪車の入らないところに建っているものにもメーターが付いているのです。夏場は軽い運動で済んだ仕事が、冬場にはアスリート並みの運動を強いられました。おかげで体重が一気に減りました。

そんなとき、別の委託の仕事に空きができたという話を聞き、山登りに嫌気がさしてきたボクは、その仕事を回してもらいました。

仕事の内容は電気料金を滞納する家の電気を止める仕事です。これはこれで結構大変でした。留守ならいいのですが、在宅の場合は支払いの交渉をし、払ってくれなければ在宅でも電気を止める場合もありました。中には電気を止めたとたん、八つ当たりで家の中で大暴れしたり、怒鳴り散らしたり、石を投げてくる人までいました。

一番やっかいなのが暴力団員とか半グレの連中でした。彼らの家の電気を止めると、会社の上の人まで巻き込む大騒動になるのです。

反面、仕事は非常に楽なものでした。電気を止める作業はだいたい午前中で終わってしまいます。なので、午後からはやることがなく、毎日昼には家に帰り、昼ごはんを食べたあと、夕方4時くらいまで昼寝をしたり、好きなことをしてダラダラと過ごすのです。夕方5時には会社に日報を出して1日が終了します。

オークション代行でお金を稼ぐ

そんなだらけた生活を繰り返していたとき、もっと時間を有効活用できないかと思い、ゲームショップのときに覚えたネットオークションでお金を稼ぐ方法を考えました。それが、オークション代行です。

早速、警察署に行って古物商の免許を取得し、まずは知り合いに売りたいものがないか片っ端から聞いて回りました。

当時はスマホも無くパソコンを持っている人も限られていて、中古品はリサイクルショップに売るのが常識でした。そんな時代だったので、ネットオークションで物を売るのは結構ハードルの高いことだったのです。

なので、オークションに出して思った以上の値段で売れるとみんな喜んでいました。その噂が噂を呼び、知り合いの知り合いのそのまた知り合いからも出品を頼まれることが増えてきたのです。

おかげで順調に稼げるようになり、以前から欲しかったバイクも買うことができました。午前中はお客さんに恨まれながら電気を止め、午後からはお客さんに喜ばれるようにオークションの出品作業に精を出していたのです。

社員になるか、自由を選ぶか

そんなとき、電力会社から委託制度廃止の一報を受けました。ちょうど、電力自由化になる少し前のことです。

会社側からの一方的な話だったので救済措置も提示されましたが、関連会社の社員になるか、転身支援金を受け取って辞めるかの2択でした。

ボクはその頃、ビジネスに興味を持ち始めて、ビジネス書などを読み漁っていました。自分で商売をやりたいという気持ちが大きくなっていたので、関連会社の社員になるという選択肢は全くありませんでした。

ましてや、関連会社の社員の仕事とは、デスクワークで、電気を止められた人達や支払いに困った人達の電話対応でした。

しばらく電気を止める仕事をしていてわかったのですが、本当にお金が無くて電気料金を支払えない人というのは実際2割くらいです。残りの8割は払うことができるのに、払っていないのです。そういう人たちとこの先も関わらなければならないと思うと、なおさらやりたくありませんでした。

その頃ボクには家族がいて子供も2人いました。安定した生活のためには社員になるほうが正解かもしれないと、ずいぶん考えました。ボクと同じく委託で働いていた若い人達は、みんな社員になる道を選んでいました。会社の人からも社員になれと毎日のように説得されました。

期限が迫り、会社の上の人から明日までに返事をくれと言われ、家で一晩考えたのですが、社員になると思うとものすごく嫌な感じがしました。虫の知らせみたいなものを感じたのです。

翌日、ボクは社員の話をきっぱりと断りました。

きっと、あのときが人生の大きな分岐点のひとつだったのでしょう。

ちなみに会社全体で社員を断ったのはボクだけだったみたいです。

カードショップトレトレ開店

5年間、委託として働いていたので、転身支援金が400万円も出ました。退職金として考えれば、すごくいい金額です。

そのお金を元手に何か商売を始めようと思い、まず考えたのがネットショップでした。ですが、仕入れに失敗したら400万円なんてあっという間に消えると思い、まずは練習も兼ねてリスクの低いビジネスを選びました。それが在庫を持たないで運営できるドロップシッピングという商売です。

ドロップシッピングでは、ネット上にショップを開設しますが、商品は直接メーカーから発送されますので、在庫を持たなくていいのです。

ただ、どの運営会社もありふれた商品ばかりで、掛け率も高く、いくら売っても儲かりません。

そんなとき、たまたま知り合いからオークションで売ってほしいと、ゲームセンターで流行っていたカードを渡されました。同じものが他に出品されていなかったので、試しに100円スタートで出品したところ、なんとそのカードがビックリするような高値で売れたのです。

電力会社で働いていた5年間、全くカードには携わっていなかったので、トレーディングカードというものに需要があり、高値で取引されていることに驚きました。ビックリマンシールのように一時的なブームだと思っていたのですが、こんなに長くブームが続くならきっと商売になると思いました。これがカードショップを始めたきっかけです。

当時、市内にはカードショップがすでに3店舗ありました。ボクはその3店舗をすべて回り、今どんなカードが人気なのか、どういう値段設定なのかをくまなく調査しました。そして翌年、家賃の安い店舗を見つけて店を出しました。カードショップトレンドトレード第1号店です。

店を出すにあたって、カードを100万円分くらい仕入れました。ずいぶん思い切った仕入れだと思うかもしれませんが、絶対に損をしない自信がありました。なぜなら、先に回った3店舗で値段を調査したところ、オークション価格の1・5倍から2倍の値段で売っていたのです。しかも、当時はユーザーのほとんどが学生でした。スマホもフリマアプリもない時代で、地元のカードショップで買うしかなかったのです。それに、万が一売れ残ってもオークションで売ればいいだけの話です。

ボクは調査した3店舗より少し値段を下げて販売しました。何も宣伝しなかったため最初の1週間はほとんどお客さんが来ませんでしたが、ある日高校生のグループが来店したのをきっかけに、毎日ねずみ算式にお客さんが増えていきました。

学校というコミュニティの中に毎日いる学生の口コミほど強力な宣伝はないのです。最初に宣伝費をかけなかった理由はまさにこれでした。

1号店を閉め、2号店を開く

しかし、開店から半年経った頃、急きょ店を閉めることになってしまいました。大家さんから、もうテナントで貸すのはやめたいと言われたからです。

借りていた場所は大きなフロアを分割して貸し出していたところで、スペースが大きな割に、入っていたのはうちともう1店舗だけ。本来すべてのスペースをテナントで埋める予定だったらしいのですが、入居者がおらず、経費ばかりかかっていたのでしょう。

電力会社で働いていたときの元同僚が何度も出入りしていたので、きっと経営が苦しく、電気料金も滞納していたのだと思います。

無理に居座って大家と険悪な関係になるのも嫌だったので、たった半年間の営業で第1号店は幕を下ろすことになりました。

それからの半年ほどはオークションでカードを売って生活をしていました。店で買い取ったカードもあったため在庫には困らなかったのです。

そんなとき、家の近所を歩いていると、よく通っていた床屋に「売家」の張り紙が張ってありました。移転のために売りに出したそうです。店舗部分の面積も十分広かったので、ボクはそこで2号店を開くことを決意。駐車場とあわせて約90坪、約８００万円の物件を10年ローンで購入しました。

前の店で半年間営業し、売上の90％以上は遊☆戯☆王カードだったため、他のカードはすべて売り払い遊☆戯☆王カードの専門店を開きました。前の店に来ていた子達にも個別に連絡を入れたので、店は開店から賑わうこととなったのです。

しかし、ここでも試練が待ち構えていました。

ちびっ子ギャングとの戦い

当時、この地域の中学校は荒れに荒れていて、近郊のスーパーやコンビニ、ドラッグストアでは万引きが横行し、ほとんどの店がそこのジャージーや制服を着ている生徒を出入り禁止にしていたそうです。

ボクはずっと近所に住んでいたのですが、うちの子供はまだ小学生だったので、中学校の事情など知る由もありません。

案の定、うちの店にも耳にピアスをつけた、時代錯誤のちびっ子ギャングみたいな連中がわんさか押し寄せてきました。しかも、10人20人の単位でやってくるのです。まるで修学旅行のお土産屋みたいな状態です。

そいつらが万引きはするわ、タバコは吸うわ、他のお客さんにちょっかいは出すわで、収拾がつきません。あまりにも素行不良が目立つ子には出禁を言い渡しましたが、みんな似たような顔で、誰を出禁にしたのかわかりません。何人出禁にしても次から次へと同じような子がやって来るのでキリがありません。なぜあんなに不良がいたのか今考えても不思議です。

たかが中学生のために警察を呼ぶのも大袈裟ですし、警察が来ても万引きの現場でも押さえない限りどうしようもありません。そこの生徒を全員出禁にするのは本当にカードが好きで来ている子達に申し訳ないのでできませんでした。

ボクは1週間店を休んで対策を講じました。店に並べる商品を遊☆戯☆王カードから萌え系のカードに変更したのです。遊☆戯☆王カードは店の一角のショーケースの中にだけ置くことにしました。

そうするとちびっ子ギャング連中もしらけたのか、だんだん来る人数が減っていきました。萌えを前面に押し出したカードショップは恥ずかしくて近づかなくなったのです。

商品を入れ替えたことで客層もがらりと変わりました。今まで学生メインだったのが大人のオタクが増えました。

しかし、お客さんが大人に替わると、不都合な点もありました。利益率の低下です。子供はお金を持っていないし知識もないため、どんなにいいカードでも言い値で売ってくれます。そんな子達が友達を連れてきてくれるので店としては大助かりでした。

しかし、大人はそうはいきません。来店するときも単独ですし、圧倒的に知識があるので、少しでも買取価格に不満があると絶対に売ってくれません。

カードショップは買取で利益を得る商売です。問屋から仕入れた商品では2割程度しか利益が出ません。

大人のお客さんはたくさんお金を使ってくれるので売上は伸びました。1日で最高18万円も使った人がいたくらいです。しかし、仕入れにかかる金額も増えて、利益率が低下しました。

そんなこんなで2号店の経営も5年目に入った頃、萌え系カードのルール改定により、来客数が激減しました。

これはカードゲーム業界ではよくあることで、カードのパワーバランスがマンネリになったとき、メーカー側が新しいルールに改定し、以前のカードがほぼ使えなくなるのです。

なんとか、この状況を乗り切ろうと新しいカードゲームを仕入れたりしましたが、学生はみんなカードゲームから離れ、スマホでパズドラに夢中。お店は開店休業状態で売上が上がらず、うちのような体力のない店舗は借金しながら食いつなぐしか方法がありませんでした。

稼ぐ力を失ったと見なされたボクは、嫁から三行半を突きつけられ、子供を連れて出て行かれてしまいました。

そのときボクは39歳。15年の結婚生活にピリオドを打つこととなり、暗黒の時代が幕を開けます。

お店を閉め、無一文に

一夜にして家族がいなくなった家には、家財道具はおろか、石鹸すら残っていませんでした。とりあえず生活に必要なものをドラッグストアで買いそろえ、洗濯機はリサイクルショップで1万2千円のものを購入しました。

店舗付きの大きな家屋のため、一人で暮らすのがものすごく虚しく感じました。借金も膨らみ、銀行から借りた事業資金はもちろん、カードローンも限度額に近づいてきていました。

そんなとき、火災保険の更新手続きに来た保険屋さんの紹介で、不動産会社を紹介してもらいました。家は思ったよりも早く売れ、そのお金で残債と借金を完済し、2号店を畳むことになりました。営業を始めてちょうど5年でした。

近所のアパートに引っ越すと、早速仕事を探しました。アパートの入居費用にお金を使ったため無一文になっていました。

そこで見つけたのが整骨院の送迎運転手の仕事です。勤務時間は8時から15時まで。その後の時間はネットショップの運営にあてました。そのためにあえてフルタイムの仕事を選ばなかったのです。

しかし、その整骨院はかなり独特な職場でした。

働き始めてすぐ、先輩の運転手から、金をやるから従業員同士のプライベートを探ってくれと院長に言われた、という相談の電話がかかってきました。ボクは断れと言いましたが。

その後も金庫泥棒の濡れ衣を着せて従業員を辞めさせたり、気に入らない従業員は地方の分院に飛ばしたりと、かなりめちゃくちゃなワンマン経営でした。

しかも、この整骨院はほとんどの従業員に無資格で施術させていました。従業員は20歳前後でしたが、ちゃんと挨拶もできるし素直な若い子ばかりでした。

ここではとても働けないと思い、半年間でその整骨院を辞めることにしました。

その2カ月後、今度は軽運送の仕事を始めました。委託運送の仕事です。ボクが委託された仕事は食堂の弁当の配達でした。しかし、またしても過酷な職場環境でした。

初日から配達に出されましたが、仕事量が多く、とても捌けません。配達に慣れてくると、食器洗いや弁当の盛り付け、便所掃除まで手伝い、休むヒマもありません。

1日あたり2～3時間の仕事のはずが、クタクタです。ボクは体調が悪くなってしまいました。結局、その仕事は3カ月で辞めました。人に使われるのは大変だとつくづく思いました。

どん底の「ほぼホームレス」時代

たまたま買い物途中に新たな物件を見つけたこともあって、またカードショップを開きました。店名もカードショップトレトレからカードショップとれとれに変更します。これが3号店です。このときは無一文状態で、店の機材も商品も借金をしてそろえることになりました。初めての借金スタートです。

3月に開店、その後9月くらいまでは売上も順調でした。しかし、北海道は早い年だと10月は初雪が降ります。そうすると自転車が使えなくなるので、学生の足が遠のいてしまいます。6年間店をやっていたのでよくわかっていましたが、これが売上の足を引っ張ります。

その上、借金の返済と養育費が重くのしかかってきます。

これじゃ、とても支払いが追いつかないと思ったボクは、自宅のアパートを引き払い、店にベニア板で壁を作り、そこで寝泊りすることにしました。約2年に渡るベニア板生活の始まりです。

光の全く入らない真っ暗な約4畳半くらいのスペースでした。最初はまともに眠ることもできませんでした。

風呂もなければ湯沸し器も無く、窓も換気扇も無いその部屋で、ポータブルストーブとカセットコンロ1台を頼りに暮らしていました。冬はストーブを消すと室温が0度まで下がってしまいます。

こんな生活でも支払いはあります。カードを仕入れるための問屋はすべて現金商売なので、発売日前にはある程度の現金が必要です。月に平均2~3回は違うカードが発売されるので、一時的に売上が上がっても、次の仕入れのためにお金を取っておく必要があります。

その時期、ボクの財布にお札が入っていたことはほとんどありませんでした。近所のスーパーに買い物に行くと、1円単位まで計算してカゴに入れていました。お酒はカップ酒の日本酒とかセイコーマートの３００円のワインだけ。そんな生活をしていると、安酒で手っ取り早く酔っ払うのが一番なのです。

今でも、たまにそのときの夢を見ます。きっとトラウマになっているのでしょう。

ちなみにこのときの詳しい話はボクの動画「ベニア板中年」で紹介しています。

YouTubeとの出会い

そんな悲惨な生活をしているとき、店に来ている子が作ったＹｏｕＴｕｂｅ動画を見せてもらいました。ちゃんとエンドロールまで作ってあって、とても良い仕上がりでした。ボクはその子にどういう編集ソフトを使っているか聞き、早速自分でも動画を作ってみました。それがファンのあいだで今も語り継がれる「はみがき」動画です。

それからすっかりＹｏｕＴｕｂｅにハマってしまい、四六時中、動画制作で頭がいっぱいになりました。店にいるときも風呂に行くときも酒を飲んでいるときも、どういう動画を作ろうか常に考える生活でした。

他のＹｏｕＴｕｂｅｒの動画も観ていろいろ研究してみました。Ｖｔｕｂｅｒのキズナアイを発見してボクもこういう動くアニメーションを作ってみたいと思い、それからアニメーション動画を作る方法をいろいろ調べて、遂に誕生したのが猫の店長と熊のリブです。

当初は店のお客さんに見てもらうためにカードの開封動画をメインに作っていました。しかし、何本か動画を出しても一度も高評価ボタンを押されたことがありませんでした。

一方、店の経営が悪化の一途をたどっていました。人気カードの大幅なルール改定で、全国のカードショップが次々に潰れる「大恐慌」が起き、次の商品を仕入れる余力すらなくなってしまいました。

事故物件に住む

2017年の10月にはとうとう力尽き、2年半営業していた3号店も閉店することになりました。

ボクは返ってきた敷金5万円を握りしめ、家賃1万8千円のアパートへと引っ越しました。家賃が安いのは事故物件だからです。

金も仕事も無く、とりあえず年末の宅配バイトの面接に行きました。定期的に仕事をもらえないか聞いてみると、ちょうど翌月から人員が1人抜けるのでやってみないかと言われ、1日3～4時間の配達の仕事を請け負うことになりました。

そんなとき店の常連からカードショップをやりたいという連絡がきました。ボクもカードショップへの未練を断ち切るいい機会だと思い、運営していたネットショップを在庫ごと彼に継いでもらうことにしました。このとき、もう二度とカードは触らないと心に誓いました。

手元にカードが1枚も無くなったので、他に収入を得るために、高齢者向け配食サービスの配達も始めました。

この頃からＹｏｕＴｕｂｅの動画の内容を、お金や政治、時事ネタへとシフトします。午前中は宅配の請負、午後からは食事の配達、夜は家でＹｏｕＴｕｂｅの動画制作と、1年間休日なしで仕事をしていました。おかげで借金の返済も順調に進み、新たな借り入れをすることもなくなりました。

しかし、貧乏には変わりありませんでした。お正月に子供たちにお年玉をあげたら、財布の中に５００円しか残っていなかった、ということもありました。

念願の収益化

転機が訪れたのは２０１9年の6月でした。ＹｏｕＴｕｂｅで念願の収益化に成功したのです。その年の1月には登録者１０００人を突破していたのですが、収益化申請が通らず、３回目の申請でようやく収益化できたのです。

最初の月に稼いだ広告収入はわずか３６００円でしたが、それでも自分の作った動画でお金を稼げたのは嬉しかったです。

その翌月は収入が一気に24万円に増えました。

YouTubeの初めての収益で水切りラックを買いました。ずっと百均の水切りラックを使っていました。足が折れて割り箸で補強していたので、これを期に新調しました。

その翌月には84万円も入ってきました。こうなるとYouTubeに専念したほうがいいと思い、配食サービスの仕事は翌月で辞めました。

3カ月後には店で作った借金と、配達用の車のローンを完済し、家賃1万8千円の事故物件から、3LDKのオートロックマンションに引っ越しました（引っ越しの理由はもちろん、経費で節税するためですが）。

KADOKAWAから本を出さないかという話が来たのは、YouTuber専業になって2年目のことでした。


こうやって振り返ると、わずかな期間で人生が劇的に変わったんだなと実感します。


もし、電力会社の社員の道を選んでいたら。

もし、2度目の店が閉店したあと居心地のいい職場に勤めていたら。

もし、あの日店に来た子からYouTubeの話を聞いていなかったら。

多分、今の自分は無かったのではないでしょうか。

最後になりますが、読者のみなさんに大切なことを3つお伝えしておきます。ひとつ目は、**「考えるよりもまず行動しろ」**。

会社員時代の友人に会うと、今のボクの生活を見ていつもうらやましがられます。たしかに世間一般から見れば夢のような生活なのかもしれません。しかし、これはまぎれもない現実です。現実である以上、誰にでもチャンスはあります。最初から夢物語だと諦めていると、望むものは手に入らないと思います。千里の道も一歩から。まず踏み出さなければ何も変わりません。

2つ目は、**「視野を広く、常識は捨てろ」**。

社会で生きていると、どうしても常識というものに縛られてしまいます。ですが、常識に縛られた人間は〝井の中の蛙〟で外の世界を知りません。でも世の中で成功者と呼ばれる人達はみんなどこかしら〝非常識〟です。人の目を気にして、視野が狭いまま、外の世界に飛び出さないのは、自分の可能性をすべて否定するということです。人生は誰のものでもなく、自分のものですから、大事に使いましょう。

3つ目は、**「自分の魂の叫びに従え」**。

ボクの座右の銘は「やりたくないことはしない」です。今までの人生でこれに背くとロクなことがなかったからです。〝三つ子の魂百まで〟といいますが、幼少の頃に「サラリーマンには絶対にならない」と言っていたボクが、新卒で仕方なくサラリーマンになって、ロクな目に遭わなかったのがいい例です。

凝り固まった大人の見識より、柔軟な子供の心のほうが、人生を歩む上で役に立つと思います。

この本を読んでくださったみなさんも、人生の分岐点では、自分の魂の叫びに正直に従い、行動してみてはいかがでしょうか。

最後まで読んでいただきありがとうございました。

2023年7月

トレトレ店長

トレトレ店長（とれとれてんちょう）

YouTubeチャンネル『トレトレチャンネル』作者。

1974年、北海道にて「おぎゃあ」と生まれる。「保育園に留年があったら絶対ダブってる」というほど、幼少のころから「誰かの都合で決められたルール」に従うのが苦手。「サラリーマンに！おれはならないっ！」と“逆ワンピース的大志”を抱きつつ、小・中・高校時代を過ごす。

しかし、高校卒業後は親戚の手前もあって地元企業に就職。が、55連勤もあるほどの多忙な業務ながら、手取り11万円という「ブラック企業」で、３年勤めるも退職。その後、２年間で100人以上の従業員が入れ替わるパチンコ店や、「クロスカントリースキーかよっ！」とツッコミたくなるほど雪道を歩かされる電気検針など、職を転々とする。

「サラリーマンは結局、会社の都合に従わないといけない」と痛感し、自営業に転身、のちにYouTubeチャンネルの由来ともなった「カードショップトレトレ」を開店。どうにかこうにか資金のやりくりをしつつも、いったん経営が傾くと、どうにもこうにもならず。冬は室温がゼロ度以下になるベニア板の部屋で「下手すると凍死」という“「健康で文化的な最低限度の生活」を下回った生活”をおくり、閉店後に残ったのは「雪だるま式に膨らむ借金」のみであった。

９年間続いたカードショップを閉じたあとは、運送事業に従事。

ひょんなことからYouTubeの投稿に目覚め、寝食を忘れ没頭。試行錯誤しながら、登録者23万超（2023年5月現在）の人気チャンネルに成長させる。借金を完済したあとは、YouTubeの収益を次の事業に投資することで、「お金と時間に縛られない生活」を防衛するための準備は万端にしている。振りかえって、自分の人生がここまで波乱万丈になったのは「サラリーマンになったことが起点」と思うと、「ルールや常識ではなく、自分の魂の叫びに従うべき」と改めて心に誓う。

好きなものは漫画、嫌いなものは飛行機。上京の際はフェリーと車に頼り、移動中は持ち込んだ漫画に読みふけるほど。
●YouTube：https://www.youtube.com/@toretoredegeso

働《はたら》いたら負《ま》けだべや！

１億総《おくそう》ボンビー時代《じだい》をサバイブする「お金《かね》と幸《しあわ》せのコスパ」

2023年8月3日　初版発行

著者／トレトレ店長《てんちょう》

発行者／山下 直久

発行／株式会社KADOKAWA
〒102-8177　東京都千代田区富士見2-13-3
電話 0570-002-301（ナビダイヤル）

印刷所／図書印刷株式会社

製本所／図書印刷株式会社

●お問い合わせ
https://www.kadokawa.co.jp/（「お問い合わせ」へお進みください）
※内容によっては、お答えできない場合があります。
※サポートは日本国内のみとさせていただきます。
※Japanese text only

定価はカバーに表示してあります。

ISBN 978-4-04-606171-3　C0033